ニッポンの大問題

どうする？

どうなる？

石破茂×弘兼憲史

少子“超”高齢化編

はじめに

弘兼憲史

２０１５年10月1日に発表された内閣府の調べによると、現在すでに日本の社会は約４人に１人が65歳以上の高齢者となっています。正確には総人口に占める高齢化率の割合は26・７％にもおよびます。それが２０３５年には約３人に１人、２０６０年には約２・５人に１人が高齢者になると予測されています。急速に少子高齢化が進んだ日本の目の前には、**世界でも稀《まれ》に見る「老人国家」が迫っているのです**。

こうした前例のない社会に対し、多くの人々が不安を抱いているのではないでしょうか。その表れのように、僕が２０１４年に上梓《じょうし》した『50歳からの「死に方」』（廣済堂新書）は大きな話題となりました。本当は『50歳からの「生き方」』というタイトルを出版社から提案されたのですが、僕自身、**「どのように人生を終えていくべきか」**を考えていたこともあって、逆に『死に方』というタイトルで出したところ、皆さんの興味を引くところとなったようです。その続編という位置付けで『いかに死んで見せるか』も書きました。

そして昨年には『弘兼流 60歳からの手ぶら人生』（海竜社）を出しました。「弘兼憲史、身辺整理始めました！」をテーマに、定年後はサラリーマン時代の名刺やスーツなどの持ち物を半分捨てることに加えて、年賀状やお歳暮など人間関係も整理して身軽になることを勧めたこの本は、現在15万部を突破するヒット作となっています。

ふと気が付くと、**僕自身、今年の9月で70歳になってしまいます**。

1947年9月9日生まれ、山口県岩国市出身、1970年3月早稲田大学第一法学部卒と、僕とまったく同じ経歴を持つ**「島耕作」**も今年で70歳。『**課長 島耕作**』の連載が始まったのが、バブル景気に向かっていく直前の1983年ですから、すでに34年も前のことです。作者同様、主人公も年を取っていくのは当然でしょう。島耕作は、しばらくは「TECOT《テコット》」の会長職を続け、精力的に国内外を飛び回ることでしょうが、読者からの期待も多い『総理 島耕作』が実現するのかしないのか……僕自身楽しみにしています。

また、中年、熟年、そして老年の恋愛を主軸にした人生を描いた『**黄昏流星群**《たそがれりゅうせいぐん》』は1995年のスタート以来、好評をいただき、この5月には54巻が刊行されました。これは、ある意味で少子高齢化の恩恵かもしれませんね。

さらに、僕がデビューして間もない頃に描き始め、特に思い入れの強い作品でもある『**ハ**

ロー張りネズミ』が今年の7月14日から、ＴＢＳ系の「金曜ドラマ」で放送されています。舞台は「あかつか探偵事務所」で、主人公の〝ハリネズミ〟こと七瀬《ななせ》五郎《ごろう》には瑛太さん、ヒロインの四俵蘭子《しだわららんこ》には深田恭子さん、島耕作シリーズにも登場する〝グレさん〟こと木《こ》暮久作《ぐれきゅうさく》には森田剛さん、所長の風《かぜ》かほるには山口智子さんと、豪華キャストにも期待ですが、25年以上前に終了した昭和の匂いの濃い作品が、どのように平成の今に蘇るのか、非常に楽しみにしています。

　ここまで駆け足でご紹介してきた『島耕作』シリーズ、『黄昏流星群』、『ハロー張りネズミ』と並ぶ僕の代表作でもあり、創作を通して作家として、そして人間として成長することができた作品に『**加治隆介《かじりゅうすけ》の議《ぎ》**』があります。本作は、漫画に親しんでいる世代に、日本の政治がどこに向かおうとしているのかを知ってもらいたくて、筆を取った作品です。ちなみに『議』とは「理屈」という意味で、加治隆介の出身地である鹿児島では、「議を言うな」（理屈を言うな）なんて使い方をします。

　そして、連載開始時に取材させていただいた政治家の中に、**今回対談をすることとなった石破茂衆議院議員も含まれていました**。１９９１年に初めてお会いした時の話は本書でも触れていますが、石破さんは作中に登場するある政治家のモデルとなっています。僕も石破さんからいろいろと学ばせてもらいましたし、石破さんが当時から今に至るまで、**「理想の政治家は加治隆介」**とおっしゃっているのを聞くたびに嬉しく思います。

今回、初代の地方創生大臣を務められた石破さんと、高齢化社会や少子化の問題、そして地方創生まで、ざっくばらんにお話しすることができました。少しざっくばらん過ぎたところもあるかもしれませんが、僕は学者でも経済評論家でもないので、**「老後をいかに生きるべきか」**を提案しています。肩肘の力を抜いたおかげといってはなんですが、皆さんの知らない〝素顔の石破茂〟も引き出すことができたのではないでしょうか。

また、石破さんの漫画やアニメに対する造詣《ぞうけい》の深さにも驚かされました。プロの漫画家である僕もタジタジとなることもしばしばあったほどです。

さて、高齢化社会や少子化問題に正面から向き合うと、そこには単一の正解が存在していないことから、どうしても暗い論調になりがちです。その点、石破さんとの対談では多方面に脱線しつつも、明るい未来が垣間見《かいまみ》えるヒントが散らばっているように思います。

加治隆介のように、近い将来、石破さんが日本国のリーダーとなって、高齢化や少子化問題、地方創生に立ち向かっていく日が来るのか——ぜひ皆さんも楽しみを持って本書をお読みいただければ幸いです。

ニッポンの大問題 どうする？ どうなる？ 少子〝超〟高齢化編　目次

第2章 〝超〟高齢化社会にどう向き合うか

第3章 少子化問題は国家の存亡にも関わる 97

第4章 地方活性化への模索 143

本書に記載されている内容は
２０１７年８月現在のものです。

第1章

〝超〟高齢化社会を考える

漫画『加治隆介の議』でつながった縁

石破　私、弘兼先生の描いた漫画『加治隆介の議』[※1]の主人公・加治隆介[※2]に憧れてたのね。実際に加治隆介から学ぶ部分が多くありました。国会議員の役割は地元への利益還元ではなく国益を考えること、そして究極は「世界平和である」という信念は今でも大切にしています。

弘兼　いやいや、僕が石破さんはじめ、多くの政治家の方を取材して、いろいろ学ばせてもらったんですよ。

石破　私が当選2回目[※3]くらいの時だったかな。弘兼先生が『加治隆介の議』の連載を始めるにあたって、何人かモデルになりそうな国会議員に取材をされたんですね。

弘兼　そうですね。複数のモデル[※4]がいます。

石破　その中のワンオブゼムが私なんですよね。あの『課長　島耕作[※5]』を描いている弘兼先生が政治をテーマにした漫画を描くということでずっと読

※1 **『加治隆介の議』**
『ミスターマガジン』（講談社／休刊中）にて1991年から1998年まで掲載された弘兼憲史の代表作のひとつ。一介のサラリーマンである加治隆介が政界に進出し、首相にまで上り詰めるストーリー。コミックは全20巻（文庫版は全10巻）。

※2 **加治隆介**
鹿児島県出身。鹿児島1区より出馬。大物政治家の次男。兄は元大蔵省の役人。父の遺志を継ぎ議を唱える政治家を目指す。選挙では利益誘導型の公約は口にせず、国益を考える国策推進型の公約を掲げた。また、世界の平和のために働くという大義を貫き通した。今なお、加治隆介の生き様に憧れる政治家は多い。

んでいました。ただ、連載していた雑誌を毎週買って読む時間はなかったので、だいたい単行本になったタイミングで本屋さんに行って買っていました。そして、2時間ぐらいで一気に読むという感じでしたね。
弘兼　政治家が主人公ですから、この作品を描く時にはやっぱり永田町をまず取材しなきゃいけないと思いましてね。でも最初は壁が高いかなと思っていたんですが、意外と国会議員の方がもう漫画を読む世代になっていたこともあって、スムーズに取材することができたってことは覚えていますね。逆に「政治家も漫画を読んでらっしゃるんだ」と驚きましたけど。霞《かすみ》が関《せき》の官僚の人も「『ハロー張りネズミ』[※6]を読んでました」なんて言ってくれたり。そういう時代だったこともあって、逆に新聞記者の方よりも胸襟《きょうきん》を開いていただきました。
石破　そうですね、私たちの世代はもう漫画世代ですから。
弘兼　最初は講談社の『週刊現代』[※7]の政治記者の方と一緒に行ったんですけど、その人がいると政治家の皆さんが警戒をして、あんまり本音を言うことができなかったみたいなんですよ（笑）。その後、その人に外れても

※3 **当選2回目**
1990年の第39回衆議院議員総選挙で2回目の当選を果たす。なお初当選は1986年の第38回衆議院議員総選挙。いずれも出馬は鳥取県全県区から。

※4 **複数のモデル**
最終巻の巻末に取材協力者として42名の国会議員の名がある。石破茂ほか、浅尾慶一郎、石原伸晃、江田五月、枝野幸男、小沢一郎、岡田克也、下村博文、中田宏、前原誠司、森喜朗、山本一太など錚々たる名前が並んでいる（敬称略）。

らって、編集者とふたりで取材にいったら、もうざっくばらんにお話しいただけたということがありました。

石破　わかる気がします（笑）。ところで私には『加治隆介の議』で大好きなシーンがありましてね。物語の最後の最後、加治隆介が本会議で演説[※8]するところがテレビで映る場面あるじゃないですか。これがすごく印象的な画でしたね。

弘兼　（『加治隆介の議』の最終巻をパラパラめくりながら）よく描いたな、これ。本会議場の中はアシスタントが描いたのかな、忘れたけど（笑）。新宿アルタの大きなモニターにも演説が流れていてね。

石破　そうです、そうです。これ、加治隆介の当選4回目[※9]の時でしたっけ？

弘兼　え、何回目でしたかね……。

石破　急死したお父さんの遺志[※10]を継いだ最初の選挙は繰り上げ当選して、次はカンボジアで拉致されている時に当選して、その後、ライバルの横やり[※11]で議員バッジをゴミ箱に捨てて……。

弘兼　そうでしたね、僕より覚えてる（笑）！　じゃあ、やはり4回目で

※5 **『課長 島耕作』**『モーニング』（講談社）にて、1983年から1992年まで掲載された弘兼憲史の代表作のひとつ。主人公・島耕作という「初芝電器産業」に勤務するサラリーマンを通して、特に団塊の世代の群像をリアルに描いた。初芝電器産業のモデルは松下電器産業（現：パナソニック）。コミックは全17巻。現在は『会長 島耕作』『学生 島耕作〜就活編〜』と冠を替え連載中。

すね。そういえば、彼が4回目の当選時に防衛庁長官に就任した際にはすでに尖閣《せんかく》諸島問題を取り上げているし、中国の「第一列島線」[※12]についても触れているんですよ。

石破 そうそう。取り上げているんですよね、竹島の領有権問題も。

弘兼 あれは加治隆介がまだ外務大臣[※13]の時かな。この作品は終了が1998年ぐらいだから……あ、今気づいたけど、連載が終わってからあとちょっとで20年になるか！

石破 そうですか、20年ですか。

弘兼 そう考えると、**日本が抱えている問題は昔とあまり変わっていない**ですね。

石破 いや、実は50年前と何も変わってないところに、愕然《がくぜん》とするわけで。「俺は政治家としてこの20年、いったい何をしてたんだろう」って。

弘兼 しかも、赤字国債がこの時400兆円ぐらいだったのが、今1000兆円超えちゃってますしね。

石破 早急に取り組まねばならない課題です。

※6 **『ハロー張りネズミ』**（講談社）『週刊ヤングマガジン』（講談社）に連載された弘兼憲史の代表作のひとつ。「あかつか探偵事務所」に所属する探偵・七瀬五郎とその仲間たちが、数々の事件に挑む探偵漫画。現在、文庫版全14巻が発売中。2017年7月よりTBSにてドラマ化された。

※7 **『週刊現代』** 講談社から発行されている週刊誌。毎週月曜日に発売（一部地域にて異なる）。

※8 **本会議で演説** 総理大臣に選出された加治隆介が行った就任演説。漫画の中の演説でありながら、その内容に対する評価は政治家たちの間でも非常に高い。

全国最年少国会議員として耳目《じもく》を集める

弘兼　『加治隆介の議』では、取材に協力してくれた若手議員として石破さんの名前が最終巻に掲載されているんですよ。年を感じてしまいますね。

石破　あ、そうですか。**私をモデルにした石和《いさわ》議員が登場する**のは知っていたけど、巻末に名前も載っているんだ。首班指名選挙で、所属する民自党の方針に反した投票をするんですよね、石和議員は。出るのはそこだけ※14ですが（笑）。そう考えると、弘兼先生が私に取材に来られたのは、もう25年くらい前ですか。

弘兼　そうですよね。連載開始が91年ですから、本当に四半世紀以上前だ。

石破　そうか、じゃあ私はまだバリバリ若手ですよ。

弘兼　まだ30代ですもんね、そりゃ若手ですよ。でも取材協力させてもらった国会議員の方たち、ずいぶん亡くなっています。最終巻の最後にまとめてお名前を掲載していますけど、加藤紘一《かとうこういち》※15さんも亡くなりましたね。

※9 **当選4回目**
加治隆介は作中では4回の当選を果たす。出馬はいずれも鹿児島1区から。

※10 **お父さん**
加治元春（もとはる）。民主政和党の大物政治家。交通事故により急死した。

※11 **ライバルの横やり**
加治元春の議員秘書だった谷崎健吾は元春の死後、後継者となった隆介の政治姿勢に反発して出馬し、以来選挙や政局で激しい戦いを繰り広げる。一旦は隆介を議員辞職に追い込むなど嫌がらせや妨害工作も繰り返した。

石破　あ、加藤さんの近くに私の名前が載っていますね。後藤田正晴《ごとうだまさはる》※16さんは亡くなられた。佐藤信二《さとうしんじ》※17さんも柿澤弘治《かきざわこうじ》※18さんも亡くなられましたね。中《なか》川昭一《がわしょういち》※19さんも……。佐藤栄佐久《さとうえいさく》※20さんはご健在です。

弘兼　山口敏夫《やまぐちとしお》※21さんはまだ生きていらっしゃいますか。

石破　お元気です（笑）！　この間、お会いしたばかりです。

弘兼　失礼しました（笑）。元岩国市長の貴船悦光《きふねよしみつ》※22さんも亡くなりましたね。

石破　そうですね……時の流れの早さを感じます。

弘兼　あ、小池百合子※23さんの名前もありますね。

石破　私も『加治隆介の議』が始まった時、まだ大臣にもなっていなかったし、副大臣にもなっていませんでした。

弘兼　でも、石破さんが最初の選挙※24で当選した時、まだ29歳だったんですよね。全国最年少の国会議員ということもあって、当時から注目されている議員さんでしたよね。

石破　はい、なんだか知らないけど目立っていましたね。でもね、私、言っていることはあの当時となんにも変わってない。私自身、なんにも変わ

※12 **第一列島線**　中国の戦力展開の目標ライン。九州から沖縄、台湾、フィリピン、ボルネオ島にいたる対米防衛線。

※13 **外務大臣**　外務政務次官、防衛庁長官、外務大臣を歴任した。

※14 **そこだけ**　『加治隆介』8巻「殉職」

※15 **加藤紘一**　１９３９年生まれ、愛知県出身。防衛庁長官、内閣官房長官などを歴任。２０１６年（満77歳）没。

※16 **後藤田正晴**　１９１４年生まれ、徳島県出身。警察庁長官、国家公安委員会委員長などを歴任。２００５年（満91歳）没。

『加治隆介の議』の巻末には名前もありますね
石破さんも当時はまだ若手でしたねなつかしいです

私のことを
モデルにした
石和議員が
登場しましたね
あの取材から
もう25年が
経ちましたか

ってないし。加治隆介のように、「お前、もうちょっと大人になれよ」みたいなことはいまだに言われるんですけどね。

弘兼 大人に、ね（笑）。「議を言うな」ってことか。でも、信念が変わらないっていいんじゃないですか。

石破 私ももう60歳[※25]ですから。もう、**あと何年やれるかって感じになってきました**。そうすると、「これで終わったらなんのためにやってきたんだろうな？」ということになっちゃいますね。

弘兼 まだあと10年はやってもらわないと！

石破 10年経ったら、先生も80歳？

弘兼 ですね。でも、**今はみんな若いから、70歳過ぎたって大丈夫ですよ**。

石破 たしかに先生も本当にお若い。

嘘を言ってまで当選してもしょうがない！

弘兼 石破さんを含めて当時の自民党の若手って、僕が考えていることと

※17 **佐藤信二**
1932年生まれ、山口県出身。衆議院議員永年在職表彰受彰。第61、62、63代内閣総理大臣佐藤栄作の次男。2016年（満84歳）没。

※18 **柿澤弘治**
1933年生まれ、東京都出身。外務大臣、自由党代表などを歴任。2009年（満75歳）没。

※19 **中川昭一**
1953年生まれ、東京都出身。農林水産大臣、経済産業大臣、財務大臣などを歴任。2009年（満56歳）没。

※20 **佐藤栄佐久**
1939年生まれ、福島県出身。全国過疎地域自立促進連盟会長などを務めた。

まったく同じでね。僕自身、前から「集団的自衛権というのは必要だ」とずっと考えていたんで、これはもう石破さんのところへ取材にいこうと思ったんです。集団的自衛権の解釈に関しては、中川昭一先生とか、元自衛隊の志方俊之《しかたとしゆき》さん※26の講義も受けました。

石破　『加治隆介の議』では、一流の商事会社に勤めている主人公のお父さんが事故死……実は殺人なんだけど、本人は政治家になる気が全然なかったのに政治家になりましたよね。これ、**実は私自身とそっくりなんですね**。私は大学を出て銀行に勤めていて、24歳の時に参議院議員だった父親※27が死んで跡を継ぐことになりましたが、私自身も政治家というものになる気がまったくなかったんです。

弘兼　まったく？

石破　まったくなかった。むしろ、「あれだけはやりたくない」って感じだったんですよね。それで銀行に入ったんですけどね。

弘兼　そのへんは加治隆介とけっこう共通してますよね。

石破　そう、共通してるんです。まぁ、私は加治隆介ほどカッコよくはな

※21 **山口敏夫**　1940年生まれ、埼玉県出身。労働大臣、新自由クラブ幹事長などを務めた。

※22 **貴船悦光**　1927年生まれ、山口県出身。元岩国市長。2010年（満83歳）没。

※23 **小池百合子**　1952年生まれ、兵庫県出身。環境大臣、内閣府特命担当大臣（沖縄及び北方対策担当）、防衛大臣などを歴任した。現東京都知事（2016年〜）。

※24 **最初の選挙**　1986年、第38回衆議院議員総選挙に自由民主党公認で鳥取県全県区（定数4）から出馬し、得票数は最下位ながら初当選した。

いけど（笑）、似ているところがありました。そして、彼は言いたいこと言って当選するわけですよね。最初は繰り上げ当選[※28]でしたけど。

弘兼　そう、「国会議員が地元利益優先の政策を立てるのはおかしいんじゃないか」ということを加治隆介が言って落選しちゃうんです。

石破　議を貫いて落ちちゃうんですよね。加治隆介の選挙区は鹿児島、私は鳥取[※29]ですが、農林水産県というところも似ています。私は政治家の家に育って、田中角栄《たなかかくえい》先生[※30]の派閥秘書を1年半やった後に選挙に出たんですが、当選1回目の時は右も左もまったくわからないんですよね。

弘兼　やっぱり、そういうものですか。

石破　「皆さんの手足となって働きます」と言って当選したんですが、もう最初は何をしたらいいのか全然わからないままで。それから1990年の2月、海部《かいふ》内閣[※31]で当選2回目の選挙があって、ちょうどその頃ですね、弘兼先生の取材を受けたのは。その時は前年に消費税が導入され、平成2年度予算の審議の最中に解散したわけですよ。消費税は必要か否か――それが争点だったんです。その時に、私は**「消費税は絶対必要だ」と主張し**

※25 **もう60歳**
1957年2月4日生まれ。

※26 **志方俊之**
1936年生まれ、静岡県出身。元陸上自衛官。防衛評論家、帝京大学名誉教授、星槎大学客員教授。

※27 **参議院議員だった父親**
石破二朗。1908年～1981年。建設事務次官、鳥取県知事、参議院議員、自治大臣などを歴任。清貧と努力の人として知られる。

※28 **最初は繰り上げ当選**
トップ当選を果たした議員が急死したため、公職選挙法の適用により、次点候補者の加治隆介が繰り上げ当選した。

て選挙を戦ったんです。

弘兼　すごい！　あえて正論でね。

石破　まだ中選挙区※32の時代でした。定数4でね。私は1986年の当選一回の時には危うく落選しそうな定数4中ギリギリの4位……最下位でなんとか当選したこともあって、地元では「次の選挙で落ちるのはあいつだろう」という話になっていたんです。しかも平成2年は日本社会党※33に追い風が吹いていた選挙でしたからね。

弘兼　はいはい、「山が動いた」と日本社会党委員長・土井たか子※34さんに言わしめた時代だ。社会党が躍進して〝おたかさんブーム〟〝マドンナ旋風〟なんて言われていた頃ね。

石破　そうです。それで、うちの選挙参謀、後援会の幹部とか県議会議員とかは「悪いことは言わないから、『俺は自民党だけど、消費税には反対だ』と言って選挙をやれ」と言うわけです。「こんなところで『消費税は必要です』なんて言ったら落ちるぞ」とも言われましたが、**嘘を言って当選してもしょうがないな**って思って。

※29　**私は鳥取**
鳥取全県区→鳥取1区より出馬。

※30　**田中角栄**
1918年生まれ、新潟県出身。第64・65代内閣総理大臣。「決断と実行」を掲げ日中国交を回復するなど数多くの実績をあげた。その政治スタイルは今なお多くの人を惹きつけて止まない。主な著書に『日本列島改造論』（日刊工業新聞社）などがある。1993年（満75歳）没。

※31　**海部内閣**
海部俊樹を内閣総理大臣とする日本の内閣。第1次海部内閣は1989年8月10日〜1990年2月28日、第2次海部内閣は1990年2月28日〜1991年11月5日。

弘兼　へぇー、そうだったんですか。本当に加治隆介と同じですね。

石破　定数4で、自民党の候補者は3人いたんですけど、私だけが「消費税は必要だ」と叫びまくっていたので、誰もが「石破は落選するものだ」と思っていたら、意外や意外、記録的な得票でトップ当選しました。

弘兼　それは、やっぱり**有権者が消費税は必要だってことが徐々にわかってきた**ということだったんでしょうね。

石破　今振り返ってもそう思います。

社会保障の充実には消費税増税しかない

弘兼　さて、そろそろ本題の少子高齢化について話をしていきましょうか。

石破　はい。これから日本ではどんどん高齢者が増えていきます。

弘兼　すなわち**年金をもらって、労働に従事しない人が増える**わけですね。

石破　そう、増えるんですよ。では、どうやって年金制度を維持するのか。やり方は3つにひとつしかありません。ひとつは年金の額を減らす。

※32 **中選挙区**
中選挙区制。ひとつの選挙区から複数人（おおむね3人から5人）を選出する選挙制度。1994年に廃止。例えば鳥取1区は定員4だった。

※33 **日本社会党**
かつて存在した日本の政党。社会主義を政治的思想として掲げる。戦後間もない1945年11月2日に結成された。1996年より社会民主党に改名。

弘兼 それは正直、嫌ですよね。

石破 じゃあ次は保険料を増やす。

弘兼 う〜ん、それも嫌ですよね。

石破 だとしたら、もらう人を減らすというのが3つ目。**つまり、「年金支給者の数を減らしましょう」**ということです。たとえば、年金支給開始年齢をさらに65歳からくらいに上げて、元気な方についてはもう少し後ろ倒ししていただき、それまで働いていただく、ということです。

弘兼 なるほど。でも、それだけじゃ足りませんよね。

石破 どうでしょうか。年金については私はもうある程度議論は収束していると思っているんです。マクロ経済スライドというシステムが入っていますから、大まか先ほど申し上げたような中で、保険料と支給額をバランスさせる。これで持続可能なところまで持ってきていると思います。しかしそれ以外の社会保障、**特に医療と介護の財源充実については、消費税増税の議論が避けて通れません。**消費税というのは多くを消費したらたくさん払う、少ない消費ならあまり払わなくて済むというシステムです。だか

※34 **土井たか子**
1928年生まれ、兵庫県出身。日本社会党委員長、衆議院議長、社会民主党党首などを歴任。初の女性党首であった。〝マドンナ旋風〟を巻き起こし、女性の政治進出にも大きな影響を与えた。2014年（満85歳）没。

ら、特定の人に負担が集中するわけではないですし、基本的に弱い者いじめの税金ではないんです。消費税導入当時、選挙演説で「たくさん消費したらたくさん払うんだから公平じゃないですか」と言うと、聞いている人は初めは反対だったわけですが、「そう言われりゃそうだ」みたいに少しずつ雰囲気が変わっていきました。先ほども言いましたが、私の初めての選挙の時は5万6000票で最下位当選でしたが、真意が伝わったからでしょうか、第2回目は8万2000票で当選したんです。

弘兼　その時は新聞の論調というのはどうだったんですか？

石破　それはやっぱり、「消費税反対に追い風か」という感じでしたよ。

弘兼　反対ですか。

石破　はい。でも、本当に国にとって必要なこと……ウケないことでも、**ちゃんと話せば日本人はわかってくれるんだ**という思いもありましたし、実際に政治信念を貫いても、逆風の2回目も当選を果たすことができたわけです。ちょうどその時に弘兼先生の取材があったんです。加治隆介の初めての選挙の時に、農家の多い地域の演説で「おまえなんかに農民の気持ちがわかってたまるか!!」「早くここから立ち去れ!!」と有権者にトマトをぶつけられながらも農産物自由化を語るシーン[※35]がありましたね。

弘兼　よく覚えていますね（笑）。たしかに、そこは似てますよね。

石破　そうそう、主張するテーマは異なれど、加治隆介の1回目と私の当選2回目が重なるんです。

弘兼　有権者に対して、**決していいことではないことでも堂々と言う必要が政治家にはある**という主張を、僕はこの時から『加治隆介の議』を通して読者に伝えているんですよ。

石破　私はトマトをぶつけられるシーンを読んで、自分の政治信念を貫く加治隆介は「やっぱりカッコいいなあ」と思うわけです。だから、今の自民党でもそうですよ。**本当は言いたいことがあるんだけど、言えないという人がけっこういる**んじゃないかと思うんです。

弘兼　やっぱり本音を言いたいけれど、言えないという政治家が多いんだ。たしかに、選挙の期間だけは「これは言わないようにしよう」というのはありますよね。ちょっとズルいなと思う時もありますけど。

※35　**農産物自由化を語るシーン**
『加治隆介』2巻。全国有数の農業大国の鹿児島で、原則として全面開放を主張した。

石破　私は『加治隆介の議』を読んで、やっぱりこう生きたいなと思って、当選2回目の頃から「社会保障財源として消費税を活用する」「集団的自衛権は現憲法下でも行使できる」ということを選挙の公約の正面に掲げるようになりました。

弘兼　それは、当時としては相当勇気のある公約ですよ。普通の政治家なら、落選が怖くて言えません。

石破　いやいや、人間、何をやったって食えますからね。

弘兼　おお（笑）。

石破　弘兼先生も漫画で描かれていますが、政治家というのは後援会長から始まって、秘書から何からもう大勢の人を巻き込んでやる仕事なわけですよ。それは、本当のことを言うためにやっているのであって、**自分が当選するためだけに嘘を言ってまで大勢の人を巻き込むのだったらやらないほうがいい**。ほかにやることいっぱいあるでしょ、と思っているのです。

弘兼　まさにそうでしょうね。

20年後は3人にひとりが高齢者の時代へ

石破 やりたいことをやるというのは、漫画家の皆さんも同じじゃないですか。描きたくもないことを描いてまで売れたいのかというと、そうじゃないですよね。当然、安定した生活を捨てて、その世界に飛び込む勇気も必要でしょうけど。

弘兼 そうですね、どの世界も同じかもしれません。僕も大学を卒業して大企業に就職した※36わけですから、そのまま会社を辞めずに働いていたら普通の安定した生活は目に見えていたわけです。あえてそこを捨ててやるっていうのは、相当な覚悟が要りました。

石破 自分に嘘ついてまでやれることじゃないですね。

弘兼 ええ。これまでも編集者から、「リサーチの結果、こういう漫画ならヒットする」と言われても、それに従ったことはほとんどないですね。そもそも、**人生に往復切符はないわけです**。人生は行きっ放しですから、

※36 **大企業に就職した** 大学卒業後の1970年に松下電器産業（現・パナソニック）に入社。広告宣伝部にて3年間勤務した。

そのまま自分の一番やりたいことをやって、**「ダメならダメでしょうがない」**くらいの腹の据え方はしていました。当時でも日本では餓死するような人はもうほとんどいなかったわけですから、別に漫画がダメでも何かで食えるだろうって。

石破　そのへんは漫画家も政治家も共通していますよね。

弘兼　僕、けっこう能天気なんですよね。島耕作もそうなんですけど(笑)。あまり先のことを考えてやっていると怖くなって、逆に何もできなくなるんですよ。とりあえず目の前の課題を片付けていっているうちにもう70歳っていう感じで……僕ら漫画家の場合、目の前の締め切りを片付けていっているとすぐに70歳になります(笑)。

石破　それにしても、弘兼先生がもうすぐ70歳[※37]って、なんだか信じられないです。今もバリバリお仕事をされているのに。

弘兼　石破さんも間違いなく70歳になるんですよ(笑)。

石破　私も今年、間違いなく60歳になりましたからね。

弘兼　昔は60歳というと、「村の渡しの船頭さんは今年六十のお爺さん[※38]」っ

※37 **弘兼先生がもうすぐ70歳**　1947年9月9日生まれ。石破氏は1957年2月4日生まれ。

※38 **「村の渡しの船頭さんは今年六十のお爺さん」**　戦前に発表された童謡『船頭さん』の1番の歌詞の一部。作詞／武内俊子、作曲／河村光陽。

て言ってたんですよね。今、60歳といっても全然おじいさんじゃないから、60歳で定年になったらもったいないですよ。まだ頭脳も体力もある人が、年金はもらえないけどブラブラして遊んでるというのは社会的に大きな損失で、もったいないですよね。それで今は定年65歳に延びているんですけど、もしかしたらさらに延びて、**70歳近くまで定年が延びるケースも会社によってはたぶん出てきますよね。**

石破　それが今、まさに弘兼先生の「団塊《だんかい》の世代[※39]」の話ですね。**今の「高齢化社会」とは、「団塊の世代の高齢化」ということになる**わけで。

弘兼　そうですね。先日、内閣府のデータ[※40]を調べたら、現在は約4人にひとりが65歳以上なんですが、20年後は33％だったかな、3人にひとりが65歳以上という社会が来るわけです。おそらく、こういう社会現象は世界のあらゆる国で初めてのケースだと思うんですね。だから、日本がこの高齢化社会をどうやって経営していくか、「日本はどうやって乗り切っていくんだ?」と、きっと世界の国々は見ているはずです。そこで、日本が高齢社会を生きる素晴らしさというのを作らなきゃいけないですよね。それが

※39 **団塊の世代**
第一次ベビーブーム（1947年～1949年）に生まれた世代を指す。文化的な面や思想的な面で共通しているのがひとつの特徴。

※40 **内閣府のデータ**
2015年10月1日発表のもの。

石破さんたち政治家の仕事ということになるんだけど。

サザエさんの時代は55歳定年だった

石破　ところで、『サザエさん』の磯野波平《いそのなみへい》さんはいくつの設定だったのか、先生、知っていますか？　今の感覚だと65歳ぐらいかな、奥さんのフネさんが60歳ぐらいで。

弘兼　完全に60歳超えている雰囲気ですよね（笑）。

石破　そうですよね、あのイメージは。だけどね、原作者の長谷川町子さんの設定では**波平さんはなんと54歳！**

弘兼　えー（笑）。あ、でも、当時は55歳定年制[※41]だったんですよね。波平さん、まだ会社に行っているってことは55歳以下ってことか。

石破　で、**フネさんは48歳**ときたもんだ。

弘兼　なんと48歳（笑）！

石破　そもそも、サザエさんが大正生まれの23歳ですからね（笑）。タラ

※41　**55歳定年制**
日本社会で「定年制」が設けられるようになったのは、就労する雇用者が大量に生まれ始めた1920年代から。その時代に採用された定年は55歳が一般的で、1980年代まで続いた。

ちゃんがようやく戦後生まれ世代になって……あ、タラちゃんは先生と同じ１９４７年生まれですよ。

弘兼 ええ〜、そうなの？ タラちゃんと同い年か（笑）。

石破 当時はそういう感じだったんですよね。だけど、今は60歳なんてまだまだ若い。私の地元で〝若いヤツ〟って呼ばれているのは65歳ですからね。

弘兼 当時、石川達三《いしかわたつぞう》さん※42の書いた『四十八歳の抵抗』というベストセラー小説があったんですけど、それは48歳になった男が若い女性に恋をして、結局、フラれてボロボロになるという話でした。でも、今は48歳なんて年寄りでもなんでもない。若い女に恋をしたからといって、〝老い〟に抵抗するような歳でもないですしね。

石破 もうね、全然、大丈夫。

弘兼 「抵抗」どころか、むしろ「これから」じゃないですか。時代がそれぐらい変わったということなんですよね。僕が生まれた昭和22年※43って、初めて男女ともに平均寿命がようやく50歳を超えた年なんですよ。それま

※42 **石川達三**
小説家。１９０５年生まれ、秋田県出身。『蒼氓』（そうぼう）により、芥川賞受賞者第一号となった。１９８５年（満79歳）没。

※43 **昭和22年**
１９４７年。主な出来事は手塚治虫の描きおろし漫画『新宝島』出版、参議院議員選挙法公布施行、紀伊國屋書店（新宿）完成など。

では乳幼児の死亡率が高かったからそういう数字になったんでしょうけど、それにしたって、今はもう栄養状態も医学もずいぶんと発達したんで、60歳なんてのは全然元気ですよね！

石破　そうですね。でも、やっぱり新聞や本の細かい文字だけは読めなくなりましたけど。

弘兼　それはあります。それだけはね。

石破　でも、本当にそれだけです。今でも走れるし、たくさん食べるし、寝なくても二晩《ふたばん》ぐらいは平気ですし。

弘兼　政治家にとって50歳、60歳なんて〝ハナたれ小僧〟ですからね。70歳、80歳が働き盛りなわけで。

石破　そうですね（笑）。

弘兼　漫画家も70歳、80歳が増えてきましたよ。90歳になって迎えが来たら、「１００歳まで待てと追い返せ」って（笑）。これ、渋沢栄一《しぶさわえいいち》※44さんの言葉ですよね。

石破　でも、同世代に会うと、「ここ悪い」とか「ここが痛い」なんて病

※44 **渋沢栄一**
１８４０年生まれ。江戸末期から大正初期にかけての日本の幕臣。数多くの企業の設立や経営に関わり、〝日本資本主義の父〟と言われる。１９３１年に91歳で生涯に幕を閉じた。

気自慢が始まってね。

弘兼 あれは、ちょっと露悪《ろあく》ぶって[※45]、「俺はこんなに歳を取っちゃったよ」と自分で言いながら、実は逆に「まだまだ元気だよ！」ってアピールしたいんだよね。だって、本当に悪かったら、もしかしたら隠すかもしれないし、そもそもそんな場に現れないでしょう。

石破 実際に内閣府が**「高齢者」の定義を「70歳以上」に引き上げる**ように提案しています。男女ともに平均寿命が80歳を超えた現在、高齢者を「65歳以上」と定義したままでは現実に即していないからでしょう。

弘兼 いずれにせよ、「高齢者」という言葉が少しマイナスなイメージなのかな？ 「前期高齢者[※46]」「後期高齢者[※47]」なんて呼び方だけを変えてもね。

石破 法的には呼び名は変えてはいないんですけどね。

弘兼 「シルバー世代」なんて横文字を使っても、高齢化社会というとどうしても前向きな感じではないですよね。

石破 どう呼ぶかはともかく、**60歳、70歳以上の方がこれからどう生きていくのかが重要**なのだと思います。

※45 **露悪**
自分の欠点や悪いところをわざとさらけ出すこと。

※46 **前期高齢者**
高齢者のうち、65歳以上、75歳未満の人のこと。

※47 **後期高齢者**
高齢者のうち、75歳以上の人のこと。

はたして長寿であることは幸せなのか？

弘兼　高齢化社会の一番の問題は、仕事も収入もなくなる高齢者がどんどん増えることですよね。さらに、医学が発達して人間がなかなか死ななくなります。「長寿国はいいことだ」と言われれば、それはそうかもしれないけど、個人的には本当にそうなのかなという疑問もあります。『黄昏流星群』※48でも退職後の生き方を描いてきましたが、「長寿」――これは言葉を選ぶのは難しいですが、**みんなが長生きするということは、必ずしも人類の幸せにはつながらないのかもしれません**。

石破　本当に難しい問題です。

弘兼　今、『会長 島耕作』※49で扱っているテーマは、遺伝子の組み換えによって寿命が飛躍的に延びたり、病気が治ったりするという「ゲノム編集」です。でも、これが進んでいけば、本当に幸せな社会が来るんでしょうか。人間というものは、「生まれたら必ず死ぬ」というプログラムの中で生き

※48　**『黄昏流星群』**　『ビッグコミックオリジナル』（小学館）にて1995年より連載がスタートした弘兼憲史の短編漫画集。英題は『LIKE SHOOTING STARS IN THE TWILIGHT』。主役を40代以降の中年・熟年・老年とし、恋愛を主軸に老後の生き様など人生観を描いている。現在、コミックが54巻まで発売されている。

※49　**『会長 島耕作』**　『課長島耕作』の続編シリーズのひとつ。現在、『モーニング』で連載中。社長を退任し会長となった島が、環境問題、食糧問題など財界人としての視点で日本経済を俯瞰する。2017年現在、コミックが8巻まで発売されている。

ているのに、どんどん医学が発達して、神の領域を侵してまで、長寿になっていくことが本当にいいことなのか、はなはだ疑問です。高齢者の寿命が延びることでこれからは国の経営が大変ですよ。日本だけじゃなくて、世界もそうですよ。石破さん、どうなんですかね？

石破　グローバルで見ると、世界の人口は増えるわけです。２０１１年時点で70億人を突破[※50]しました。

弘兼　日本だけじゃなく、先進国では高齢者がどんどん増える。一方で、発展途上国は逆に若い層が増えて国が若いという立ち位置になった時、グローバルに、**若い世代の国の人たちが高齢化社会になった国の人たちを支えるような、世界的なシステムみたいなのが将来できないでしょうか？**

石破　世界的な人口は、これから先も「爆発的に」と言っていいほど増えます。２０５０年には90億人に達すると言われていますね。

弘兼　ええ、まさに爆発的ですね。

石破　ただ、例えばヨーロッパの国々に移民が入ってきて、「なんで彼ら彼女らをドイツ国民の税金で養わなきゃいかんのだ」とか、「フランス国

※50　**70億人を突破**
国連人口基金（ＵＮＦＰＡ）２０１１年版「世界人口白書」より。同基金は２０２１年にはインドの人口が中国を抜き、世界1位となるとの推定も発表した。また同時に、人口増がもたらす資源・水不足や都市化、高齢化の進行に警鐘を鳴らしている。

民の税金で養わなきゃいかんのか」みたいな話が現在でもあるわけです。それを考えると、「なんで高齢化した国を我々若い国が養わねばならんのか」と言われるかもしれない。

弘兼　世界規模でそういう問題は出てくるでしょうね。

石破　「今、高齢化している国だって、かつてはいい思いをしたじゃないか。なんで我々が面倒を見なくちゃいかんのだ」ということになるでしょう。つまり、発展途上国が成長・発展・繁栄を味わって何が悪いのかと。だって、日本が高度経済成長していた時に、「高齢化した国を支えよう」なんて発想はどこにもなかったですもん。

弘兼　たしかにそうですよね。そんな発想、なかったですもんね。

石破　だから、「なんで我々がそんな思いをしなきゃいかんのだ」みたいな考え方になるでしょうね。

弘兼　そうなりますか、やっぱり。

保険のメカニズムを取り戻す

弘兼 日本を含めて高齢化に向かっている先進国は、経営者としたらどうやってその国を立て直すんでしょう。石破さんは政治家として、何か解決の方法はあると思いますか？

石破 ひとつは、「自らの終わり方を自分で選ぶ」ということがあると思います。積極的「安楽死[※51]」まで踏み込むかどうかは国民的な議論が必要ですが。

弘兼 いや、世界でも認めている国、いっぱい出てきてますよね。日本は安楽死に否定的ですが。

石破 まずは、無理な延命治療を自らの選択として拒否する、ということももっと広く議論して然《しか》るべきでしょう。「どんなに長く生きたか」よりも、**「どういうふうに生きたか」のほうが大事だろう**ということなんです。

弘兼 難しいですね、これは。私も『黄昏流星群』で、ガンも治る時代に

※51 **安楽死**
人に苦痛を与えずに死に至らせること。一般的に終末期患者に対する医療上の処遇を意味する。安楽死の在り方については世界各国でさまざまな議論がなされている。

安楽死できる薬を手に入れた老人たちの生き方を描きました[※52]。

石破　**生活にも「量」か「質」か、という選択があります**。我々の年代だと、見聞きした限りでは、「そんな長く生きても仕方ないよな」という人が圧倒的に多いですよ。それが「健康寿命」ということでしょうし、その希望をどうやって叶えていくかについて、政治としても向き合う時期に来ていると思います。

弘兼　そうでしょうね。

石破　もうひとつ、別の観点として、健康保険をどう考えるかということがあります。日本の場合、医療費の自己負担は1～3割負担となっており、しかも高額療養費制度[※53]というのがありますから、一定額以上はそんなに負担が上がらないような仕組みになっています。でも、これって本当に「保険」なんでしょうか？

弘兼　え、保険ではないということですか？

石破　保険というのは、自動車保険を例に取ると、事故ばっかり起こしているとどんどん保険料率は上がっていきますよね。だから、「保険に入っ

※52 **老人たちの生き方を描きました**　『黄昏流星群』12巻「死滅する星」。

※53 **高額療養費制度**　医療費の自己負担が高額になる場合、一定の金額を超えた分があとで払い戻される制度。

ているから車をいっぱいぶつけてやろう」という人は世の中にいません。

弘兼 たしかに、そうですね。

石破 だけど健康保険の場合、不摂生で病気になったとしても保険料率が上がるわけではないし、「どうせ負担が少ないんだったら、お医者さんにかからなきゃ損だ」と思う人は今でもけっこうおられるのではないでしょうか。そういう意味では、**健康保険は〝保険のメカニズム〟が効いていない**という面がある。

弘兼 なるほど、そういう意味で。

石破 健康保険が国民皆保険制度であることは、世界的に誇るべきことだと思います。ただ、これを維持するためには、ある程度のインセンティブ[※54]措置を導入して、本来の保険のメカニズムを多少なりとも効かせる必要があると思います。それは例えば、一定の運動を普段からされている方々の保険料を低くするとか、検診をきちんと受けられる方の負担を軽減するとか、何十年以上も健康だったら何かの表彰を考えるとか、そういうことですね。最近、保険者たる健保組合なども意識が高くなってきて、このよう

※54 **インセンティブ** やる気を起こさせる・目的を達成させるための刺激。ボーナスなどがインセンティブにあたる。

な取り組みを推奨したり、健保組合を持っている大企業で働き方改革と併せて健康増進に取り組んだり、あるいは自治体が推進したりという例が出てきていますが、さらに全国的に広げていかなければなりません。

「生きる権利」だけではなく、「死ぬ権利」も考えよう

弘兼 そもそも、若年層が高齢者を支えなきゃいけないというシステムにも限度がありますよね。この言葉を使うとすぐに炎上しますけども、**最後はやはり「自己責任」の必要性が絶対に出てきます**し、自分自身で考えていかなければいけない問題です。国が際限なく老後の面倒まで見ることはできないわけですから。

石破 そうですね。自分の健康を管理していく、生き方と終わり方を自分で考えていく、それによって今よりもいい人生を送る。それを前提にすれば、医療や介護の考え方も支出も変わってくると思うんです。それをしないで消費税を財源にすると言っても、「消費税が何％に上がったってどう

にもならないよ」って言うと、皆さん、「そりゃそうだよね」って納得してくれます。日本人は理性的なので、政治家がしっかり話せばわかってくれるんです。

弘兼　そういう考えをもっとみんな共通のパラダイム※55にしていくということは必要ですね。そうすると、**「病院死」よりも「在宅死」を選んでいくという方向になっていきます**よ。結局、長生きしたところでずっと病院にいて、褥瘡《じょくそう》※56に悩まされながらチューブにつながれてただ生きているのであれば、面白くも楽しくもなんともないと思うんですよ。僕があるお医者さんと対談した時に、「延命」というのは、「飛行機が着陸態勢に入ってソフトランディング※57しようとした時――つまり、大人しく死を迎えようという時に、またガソリンを注入して飛ばし続けるみたいなもんだ」という話を聞きました。そういう意味では、かえって「延命治療」というのは、残酷なんじゃないかという考え方もありますね。

石破　なるほど、ガソリン注入ですか。

弘兼　じゃ、なぜそんなことをするのかというと、「お父さんやお母さん

※55 **パラダイム**
ある時代や分野において支配的規範となる物の見方や捉え方。

※56 **褥瘡**
持続的な圧迫により、組織の血流が減少・消失し、虚血状態、低酸素状態になって、組織の壊死が起こった状態。寝たきりや麻痺などで体位を変えられない人にできる。

※57 **ソフトランディング**
軟着陸。速力をおさえながらゆっくりと着陸すること。

にもっと長く生きてほしい」という家族のエゴですよね。本当に本人が望んでいるならそれでもいいんですけど、単なる周りのエゴで、自然に死を迎える寸前の人を延命させるというのはいかがなものでしょう。結局、亡くなる人のために税金は使われるし、入院費もすごく使って、借金だけ残してお父さんやお母さんは亡くなるということになります。だからこそ、ここで**「延命や延命治療というのはどうなんだろうな」**ともう一回考えなきゃいけないですよ。

石破　おっしゃるとおりですね。

弘兼　それから、「胃ろう」[※58]ってあるじゃないですか、お腹を切って管から胃の中に食物や水分を流し入れる治療。**実は日本が世界一の胃ろう大国**[※59]なんですよ。医療大国のアメリカでもあんまりやっていないみたいですね。一度、胃ろうを作ってしまうと、亡くなるまで外せない人がほとんどです。胃ろうをなかなかやめられないと、地獄だと聞いたことがあります。胃ろうを外すのは、場合によっては引き抜いた人が殺人罪に問われるということもありますし。

※58 **胃ろう**
内視鏡を使った手術でお腹につくられた小さな口のことで、口から食事のとれない人の胃に直接、栄養を入れる栄養投与の方法。

※59 **世界一の胃ろう大国**
全日本病院協会が2011年に発表した資料によれば、胃ろう造設者は全国で約26万人。人口当たりでみると欧米諸国の4倍から10倍にも達する。

石破　先ほどおっしゃったように、弘兼先生の『黄昏流星群』では、安楽死のテーマも取り上げていましたよね。

弘兼　はい。だから、ゆくゆくは日本でも……いや、**人類は必ず安楽死という問題に突き当たるでしょう**。実際、もうすでにベネルクスの3国、ベルギー・オランダ・ルクセンブルクのほかに、アメリカでもワシントンD.C.やカリフォルニア州、オレゴン州なども安楽死を認める法案がどんどん通っていますよね。安楽死を巡っては殺人とか保険金狙いとか課題もいっぱいあるので、もちろん非常に厳しい規制はあるんですが。ゆくゆくは安楽死、つまり自分が「死ぬ権利」というのを行使できる時代が来ないといけません。「生きる権利」はあるんですが、「死ぬ権利」というのは今あまり言われていないですから。

日本では脳死を人の死とは受け入れられづらい

石破　まずは、40代、50代、60代できちんと自分の意思が表明できるうちに、自分に何かあった時はどうしてほしいか、意思表示をしておくということを徹底していくことでしょうね。

弘兼　安楽死に関するガイドラインみたいなのを作って。

石破　「安楽死」というと、積極的に自らの生を終わらせることに踏み込むことになりますから、それまでにはまだかなりの議論が必要でしょう。

弘兼　もうすでに外国でやっているところはありますから、それを考えたら、日本でもやってやれないことはありません。ただ、**日本という国は「脳死[※60]」を認めない人が多い**んですね。「脳は死んだって言われても、心臓が動いているじゃないか」って。だから、日本で安楽死を認めるのは欧米よりも時間がかかるような気がしますけどね。

石破　臓器移植法案[※61]の内容を自民党内で議論した時、〝脳死は人の死かどうか〟はかなり大きな議論になりました。あの時、自民党は、党議拘束[※62]を外したんです。人の生死にかかわることだから、それぞれの意思で投票してよろしいですってことですね。この時私はいろいろ考えた結果、「脳死は人の死ではない」という結論に至りました。

※60 **脳死**
人の脳幹を含めた脳すべての機能が不可逆的に回復不可能な段階まで低下して、回復不能と認められた状態のこと。

※61 **臓器移植法案**
正確には「臓器の移植に関する法律」。例えば第6条においては、死亡した者が臓器移植の意思を生前に書面で表示していて、遺族が拒まない場合に限り、「脳死した者の身体」を「死体」に含むとしてその臓器を摘出できると規定されている。

※62 **党議拘束**
政党の決議によって党議員の表決活動を拘束すること。

弘兼　そうなんですか。僕は脳死は人の死だと思います。

石破　そうおっしゃる理由もわかるつもりです。でも私は、脳死自体は人の死ではない、ただ定められた要件に従って心停止を容認することは違法性阻《そ》却《きゃく》事《じ》由《ゆう》※63として認められる、と考えました。つまり「人の死ではないが、脳死した方からの臓器移植には違法性はない」という結論でした。先生がおっしゃるように、この臓器移植法案の時は議論がけっこう前に進んだんですけど、そこから先に進んでいないように思うんですよね。だから、「生きる権利」と同時に、「死ぬ権利」というのももっとちゃんと議論をしたほうがいいし、むしろ、**どうやって死ぬかというのは、もう我々にとっては最大の関心事です**。

弘兼　これ、本当にきっちりガイドラインなどを作らないと、自殺者が増えていくという説があるんです。今、自殺者って年間2万人以上※64いるでしょ。いつの間にか交通事故死者数の5倍以上※65になっています。ところが、それは自殺を完遂《かんすい》できた人の数であって、自殺しようとしたけど、幸か不幸か、助かったという人はその10倍ぐらいいるっていいますね。

※63 **違法性阻却事由**　本来は違法行為でも、正当防衛など事情によってはその違法性を否定する原因や理由。

※64 **自殺者って年間2万人以上**　1998年には日本の年間自殺者数が32863人となり、統計のある1897年以降で初めて3万人を突破した。ここ数年は減少傾向にあり、2016年は21764人(速報値)だった(厚労省：自殺の統計より)。

※65 **交通事故死者数の5倍以上**　2015年の自殺者数は24025人(確定値)、同年の交通事故死者数は4117人(全日本交通安全協力HPより)。

石破　つまり、実際は20万人ぐらいが自殺しようとしていると。

弘兼　だから、ルールなく安楽死を認めちゃうと、もしかしたら年間20万人ぐらいがどんどん亡くなっていくかもしれない……やはりそれは**国益に反することになります**。そのため、なかなか安楽死や死ぬ権利を認めるのは難しいという人もいっぱいいます。たしかに難しいんですが、これから考えなきゃいけない問題であることもまたたしかでしょう。

先見の明があった『黄昏流星群』

石破　先生ご自身は脳死には抵抗ないんですね。

弘兼　うん、僕はあんまりないですね。というのも、親父が亡くなる前に植物人間みたいになっちゃったんですよ。その時に、おふくろはお医者さんに延命するかと聞かれて、延命処置をお願いしたんですけど、結局、半年後に亡くなりました。その間、親父の場合は胃ろうはしないで鼻から栄養を入れていたんですけど、チューブを入れる時に、若干顔をしかめるんですよ。ほかのことにはなんにも反応しないんですけどね。そうすると、おふくろは「ほら、お父さん、痛そうな顔をしてるし、意識があるじゃない？」と言うわけです。でも僕は、意識があるんだったら、痛いし苦しいから、もしかして「もうさっさと俺を殺してくれ」って言ってるかもしれないな、と思ってね。

石破　う〜ん、そうなのかもしれないですね。

弘兼　「まだ心臓が動いているから生かしましょう」みたいな感じにしちゃったんですけど、結局、死ぬ前の6か月、苦しませて死なせたんじゃないかって、親父に対してちょっと後悔の念があるんです。その時、無理に寿命を伸ばすことはないなと思いましたね。

石破　そうそう、『黄昏流星群』の中にもありましたよね。企業の経営者が愛人と一緒にいる時に倒れて、病院に担ぎ込まれるんですが、ずっと植物状態になってしまって。※66

弘兼　でも、家族や秘書や看護師たちみんなの会話が全部、聞こえているんです。「お父さんの個人資産を調べたら80くらいあるのよ」とか「オヤ

※66 **ずっと植物状態になってしまって**
『黄昏流星群』40巻「星と死の狭間で」。

ジが死んだら俺は専務から社長になって会社を継ぐことにした」とか。主人公は「こいつ、ひどいこと言いやがって！」と思っているんだけど、いかんせん体が動かない（笑）。

石破　あれはすごい共感を持って読みました。

弘兼　愛人と秘書のとんでもない裏切りにもあってね。体が動かないのをいいことに、書類に勝手に拇印《ぼいん》を押されたりして。

石破　ひどいなと思いましたよ。私は主人公と違って愛人がいるわけじゃないですけど（笑）。そういう意味では『加治隆介』とはまた違う共感が『黄昏流星群』にもあるんです。この『黄昏流星群』、弘兼先生が連載を始めたのって、いつくらいからでしたっけ？

弘兼　え～と……今、調べますね（笑）。

石破　先生の『黄昏流星群』、まだ全巻は読んでないんですが、まさに今回の対談テーマである高齢化社会をリアルに描いていますよね。

弘兼　あ、連載開始は1995年からです。

石破　第1巻[※67]では、リストラされそうな銀行員がアルプスのマッターホル

※67 **第1巻**　『黄昏流星群』1巻「不惑の星」。

ン[68]に行ってある女性と出会い、最終的には三鷹でイタリアン・レストランを開くお手伝いをするってストーリーですね。

弘兼 よく覚えていますね（笑）。そうです、女性は社員食堂で勤務するおばちゃんだったかな。

石破 そうです、お金持ちのマダムだと思ったら、取引先の社員食堂で再会するんですよね。その男性の娘が大学教授と不倫しながら、大蔵省の役人と一緒になるとかならないとかふざけた話でね（笑）。途中、風向きが変わって重役になれるチャンスだったのに男性は銀行を辞めてレストランの開業をお手伝い……うん、覚えてる。

弘兼 そうそう。たしか僕が48歳の時だから、もう22年経つんだ。ちょうど自分が50歳を前に同級生たちと居酒屋で飲んでいて、「もう一回燃えるような恋がしたいけど、もう無理やろうな」という話になってね（笑）。まあ、「漫画だったらできるな」と思ったのがきっかけです。

石破 バブル崩壊[69]あたりから、「これから高齢化社会が来るぞ」と言われてはいましたが、まだ実感がなかった時代でした。それをテーマに持って

※68 **マッターホルン**
アルプス山脈に属する標高4478mの山。スイスとイタリアの国境にある。

※69 **バブル崩壊**
1991年3月から1993年10月までの景気後退期を指す。

きたのは先見の明がありましたね。

弘兼　漫画だからこそそのバーチャルな世界を作ってやればいいんじゃないか、ということで中高年のラブストーリーを作ったんです。今、読者層がどんどん年を取ってきて、結果的に成功しちゃったたっていう感じですかね。僕ら団塊の世代が今もう70歳ぐらいになってるわけですから、その間ずっとあの漫画を読んでくれてたんです。

石破　漫画の力というのは本当にすごいですよね。

第2章

〝超〟高齢化社会に
どう向き合うか

団塊世代の死に様を見せていきたい

どう一生を終えるか国もその責任を考える必要がある

『黄昏流星群』が愛され続ける理由

弘兼　僕のような団塊の世代というのは漫画を読む世代、日本の漫画文化を引っ張ってきた世代です。手塚治虫《てづかおさむ》※1先生、石ノ森章太郎《いしのもりしょうたろう》※2先生、藤子不二《ふじこふじ》雄《お》※3先生など、漫画家がいっぱい住んでいたことで有名なトキワ荘※4がありましたが、そこに住んでいた先生たちはみんな、戦前生まれなんですね。それで、読み手がちょうど10歳ぐらい下の小学生の僕らだったんです。

石破　トキワ荘にいた頃、その先生たちはまだ20代の若い人たちだったんですね。

弘兼　まさにそうなんです。そして戦後、どんどん漫画が売れてくるようになるんですが、月刊誌というのは別冊が付いていることもあって値段が当時は高くて、子どもには手が出ませんでした。今の感覚だと3000〜5000円ぐらいのイメージだったんですよ。それで、月刊誌を4分割して安くして、若い世代にも読んでもらおうということで週刊化※5して、僕ら

※1 **手塚治虫**
漫画家、アニメーター。1928年生まれ、大阪府出身。戦後日本においてストーリー漫画の第一人者として、漫画の草分け的存在として活躍。存命中から〝マンガの神様〟と評された。代表作は『鉄腕アトム』『リボンの騎士』『火の鳥』『ブラック・ジャック』『ブッダ』など多数。1989年（満60歳）没。

※2 **石ノ森章太郎**
漫画家、特撮作品原作者。1938年生まれ、宮城県出身。SF漫画から学習漫画まで幅広い分野で作品を量産し〝漫画の王様〟〝漫画の帝王〟などと評された。代表作は『サイボーグ009』『仮面ライダー』『人造人間キカイダー』『マンガ日本経済入門』など多数。1998年（満60歳）没。

が中学校に上がる時には、親からもらうお小遣いから30円、40円ぐらい出せば手が届く週刊誌を買うようになったんです。

石破 『週刊少年サンデー』、『週刊少年マガジン』が創刊されたのが……1959年、すなわち昭和34年ですか。私はまだ2歳ですね（笑）。

弘兼 我々はそのマガジン、サンデーを読んで、大学に行く頃には『巨人の星』[※6]や『あしたのジョー』[※7]が絶好調で、ほとんどの大学生が夢中になっていました。「最近は電車の中でいい大人がマンガを読んでいる」と社会問題になったのもこの頃です。

石破 私は何がイカンのか、と思っていましたけどね。

弘兼 そして、この我々世代が社会に出る時に、出版社は次に青年コミック誌、小学館の『ボーイズライフ』――のちの『ビッグコミック』[※8]の前身になるような月刊誌などを作ったんですね。だから、漫画文化は本当に我々団塊の世代に焦点を合わせて成長してきたので、我々世代は今でも漫画を読む人がけっこういるんです。そういう意味では、『黄昏流星群』をまだ読まれる方が多いですね。

※3 **藤子不二雄**
漫画家ユニット。藤本弘（藤子・F・不二雄）と安孫子素雄（藤子不二雄Ⓐ）の共同ペンネーム。1951年にコンビを結成、1987年解消。代表作は『オバケのQ太郎』（共作）『ドラえもん』『パーマン』（藤子・F・不二雄）『忍者ハットリくん』『怪物くん』（藤子不二雄Ⓐ）など多数。

※4 **トキワ荘**
現在の東京都豊島区南長崎3丁目に1952年から1982年にかけて存在した木造アパート。手塚治虫、藤子不二雄、石ノ森章太郎など著名な漫画家が居住していたことで知られる。

老後はどんどん生活レベルを落とすべき

石破 『黄昏流星群』では夫婦の在り方のテーマも多いですよね。「2030年問題」[※9]と言われていますけど、このまま少子化・高齢化が進行すると、働き手が減少してGDP[※10]が減少し、国力が低下して財政面も悪化するので、高齢者世代を支える社会保障サービスなども今のようにはいかなくなる、という話です。

弘兼 2030年というと、ちょうど**僕ら団塊の世代が80歳を過ぎてバタバタ死ぬ頃**ですね。ちなみに、老後は夫婦ふたりでどれぐらいのお金が必要なのかという試算がよく出ていますよね。

石破 はい、ありますね。

弘兼 ライフスタイルや年金の支給条件で、それぞれの家庭でバラツキがあるので一概には言えないようですが、一般的には3000万円前後、[※11]中には7000～8000万円が必要だと主張するファイナンシャルプラン

※5 **週刊化**
小学館の『週刊少年サンデー』と講談社の『週刊少年マガジン』が週刊漫画誌として同じ1959年に創刊された。

※6 **『巨人の星』**
原作／梶原一騎、作画／川崎のぼる。星飛雄馬（ほしひゅうま）を主人公とする野球漫画。

※7 **『あしたのジョー』**
原作／高森朝雄（梶原一騎）、作画／ちばてつや。矢吹丈（やぶきじょう）を主人公とするボクシング漫画。

※8 **『ビッグコミック』**
小学館発行の男性向け漫画雑誌。1968年2月29日に創刊された。現在は毎月10日、25日の2回発行。

ナーもいます。正直、びっくりですよ。

石破　今、大企業の会社員の退職金は平均2000万円ちょっとと聞きますけど、それだけでは足りませんね。

弘兼　そうですよ。7000万円持っている人がいったいどれぐらいいるんでしょうか。それまでの生活水準を維持しようとしたら、たしかにそのくらいの大金が必要となるわけですけども、年を取ったらだんだんと生活のレベルを落としていって、生活の範囲も狭めていくべきだと思いますね。僕が『60歳からの手ぶら人生』[※12]で書いたのは、まず友達が多いと出費が多くなるので、「友達はどんどん切り捨てろ」と。すごく残酷な言い方かもしれませんけどね。

石破　なるほど。お歳暮や年賀状だけの普段は付き合いのない「知り合い」を減らすということですね。

弘兼　そうそう。別にね、**友達が多ければ多いほど幸せってわけでもない**し、親友がひとりでもいたらそれでいいじゃないですか。年賀状や、お歳暮、お中元だけの付き合いなんてやめてしまうのが一番です。

※9　**2030年問題**
「2030年には人口の⅓が高齢者になる」とも言われる超高齢化により引き起こされる問題。「国立社会保障・人口問題研究所」によると、2010年には約1億2800万人だった人口は2030年には約1億1600万人に減少し、さらに2024年には日本の高齢者は人口の30％にも達すると予測されている。

※10　**GDP**
国内総生産。一定期間内に国内で産み出された付加価値の総額のこと。

石破 なるほど、わかる気がします。

弘兼 交際範囲を狭くして、食べるものだって、毎日天ぷらとかお肉とかじゃなくて、もっと粗食にしてもいいでしょう。広い家なら売ってしまって、掃除も楽な六畳二間ぐらいのアパートなんかに移転すれば固定資産税も払わなくていいし。もう60歳過ぎて、「あいつのほうがいい暮らしをしている」とか、他人と比較して劣等感を持ってもしょうがないですからね。高齢者がみんなそういう思いを持って生活していけば、**自分だけじゃなく、国も「経営」という意味では少しは苦労の種が減るかもしれませんよ**。

「在宅死」で死に様《ざま》を見せるのも団塊世代の務め

石破 「国の経営」ということを我々政治家が言うと、メディア的には「あいつはなんてけしからんヤツだ」みたいな反応になるところがあるんですよ。メディアにそう書かれると政治家としてはつらいところがあるので、やっぱり「経営」ということを口にする政治家は少ないと思うんです。

※11 **一般的には3000万円前後** 生命保険文化センターの「平成28年度 生活保障に関する調査」では、「ゆとりある老後生活費」が月平均34・9万円となっている。老後を30年として単純計算すると1億2564万円が必要となり、その間、年金が月20万円であれば30年合計で7200万円、足りない額は5364万円とされる。

※12 **『60歳からの手ぶら人生』** 2016年に海竜社より発売された弘兼憲史の著書。「60歳を過ぎたら、身につけていた余計なものは捨てて、手ぶら人生を楽しもう」をテーマに、持ち物、お金、友人、家族との向き合い方を指南している。

弘兼　やはり口にしないんですか……。

石破　だけど、「どう生きるか」もそうだけど、**「どう一生を終えるか」についてて、国はいかなる責任を持つべきか考えなくてはいけない**ところに来ていると思います。「どう死ぬか」というのは「どう生きるか」の裏返しみたいなところがあって、悔いを残さず、満足感を持って人生を終わるという環境をつくることに国もコミットする――つまり、多様な意思決定を可能とする環境整備ということですよね。ただ、「死後の世界」というのは誰も見たことがありません。とんでもない愛人を持って死んでしまう……第1章の『黄昏流星群』で話に出たあのエピソードにすごく共感を持って私が読んだのは、誰も見たことがない死後の世界に対して恐怖感があるからなんですね。

弘兼　そうですね、極楽みたいな世界ならいいけど。

石破　グツグツ釜で煮られるのは勘弁ですね（笑）。でも、やっぱり人間は誰しもいつかは死ぬのであって、「どう死ぬか」ということについてそろそろ真正面から向き合わねばならないという思いがあるんですね。

弘兼　僕は著書の中で「いかに死んでみせるか」というのは必ず書いているんですよ。**団塊の世代の生き様のひとつの責任として、死に様を若い人たちに見せようと思っています**。その中には、いわゆる「在宅死」[※13]も入っているんですよね。今は「病院死」が8割ぐらいなんですが。

石破　自宅で亡くなる方が少ないということですね。

弘兼　今どきの子どもたちは、まあ、棺《ひつぎ》の中に入っている死体はのぞいたことがあるぐらいで、身近に死体を触ることってあまりないじゃないですか。だから、「人間は生まれたら必ず死ぬ」という死生観みたいなものを教えるためにも、やっぱり家で死ぬこと、そして死に様を見せるということをやっていくのが、我々世代の役目というような気がするんですね。

石破　たしかに、「死」というもの自体が身近ではなくなっていますからね。

弘兼　それから、**人に迷惑をかける老人には絶対ならないようにしよう**という思いもあります。「お荷物にならないようにしたい」って、割と僕ら団塊の世代の人間は思ってますよ。逆に、昔のように、年を取ったら子どもに面倒を見てもらうと考えている人は今や少なくなって、「子どもは子

※13 **在宅死**
入院せず自宅で適切な治療や療養を受けながら、家族などに看取られて亡くなること。適切な治療を受けずひとりで亡くなる「孤独死」とは異なる。終末期の医療・看護・介護の形のひとつ。近年は在宅死を希望する人が増えてきていると言われている。

ども」、「自分は自分」と考えています。したがって、自分たちが貯めたお金は息子の結婚式の費用なんかには決して使わないで、**自分の老後のために使うべきだ**という気がするんですけど。

石破　いかに迷惑をかけないかっていうことは私も考えますね。

弘兼　石破さん世代でもそう考えますか。

石破　人様に迷惑かけて生きたくはない。そんな自分も見たくもないという感じでしょうか。

弘兼　絶対に見たくないですね。

石破　それは人間の尊厳みたいな気がするんです。だから、どうやったら多くの人たちに理解してもらえるかということを、我々政治家はもうちょっと考えなきゃいけないなと思います。

閑話《かんわ》休題——酒とゴルフはいかほどで？

石破　人に迷惑をかけてまで長生きはしたくないというのは本音ですけど、

私ね、酒もタバコもやめてまで長生きしようとは思わないのも本音。

弘兼　石破さん、酒はどのぐらいいけるの？　まあ、真面目な話からいきなりくだらない話だけど（笑）。毎日？

石破　私はけっこうお酒に強いんですけど、絶対にひとりで飲んだりはしないんです。

弘兼　寝酒はやらないんですか。

石破　まずやりませんね。だけど、昨夜なんかは８００人の支援者の方を相手に飲んでましたよ。

弘兼　そうかぁ、政治家の方ならパーティなんかで飲む機会は多いでしょうね。そういうとこだと緊張してあまり酔わないんじゃないですか？

石破　はい。まず酔えません。

弘兼　僕はね、自宅でひとりで飲んでいるとビール1本で酔ってしまいます。本を読みながら飲んでいたら、自分でも「あれ〜？」と思うくらい酔っちゃって……。

石破　不思議なもので、私も家内と一緒に飲んでいると、外で飲んでいる量の本当に5分の1でももうダメですね。

弘兼　ダメですね、わかります。

石破　安心感があるんでしょうね。本当は私、日本酒だとマックスで二升《にしょう》まで飲めるんです。

弘兼　それは飲み過ぎでしょう（笑）。

石破　ウイスキーならボトル1本まで飲めるんですよ。

弘兼　飲めても、やめたほうがいいですよ、それ（笑）。

石破　いや、でも仕事ですから。

弘兼　そうか。政治家の方は、後援者や支持者の方にお酒をつがれたら、「俺はもういらない」とは言えないものですか。勧められたお酒を断ると怒る人っているんですか？

石破　いますいます。「俺の酒は飲めないのか！」と。ドラマや漫画に出てくる怖い人のように怒ります。

弘兼　それはきついな（笑）。日本人特有の文化ですね。

石破　だから、強いですけど、自分で好きで飲んでいるということはあまりないんです。まあ、嫌いじゃないですけどね。

弘兼　自分おひとりで飲むんだったら何が好きですか。日本酒党ですか、ウイスキー党ですか？

石破　日本酒が一番美味いですね。あと日本酒だと、つまみをなんにしようかなということのほうが大事になります。

弘兼　ええ、肴《さかな》が必要ですよね。

石破　はい。日本酒は「この酒だったらこれ」と考えるのが楽しいですね。ただ、毎回毎回つまみを作るわけにもいかないんで、どうしてもウイスキーが多くなります。ウイスキーだとつまみはチョコレートでいいんでね。

弘兼　日本酒のつまみ作ると、塩分がどうしても多くなっちゃいますから。

石破　なっちゃいます、体によくないですよね。ついさっきまで、「いかに老後を生きるのか」と力説していたのに（笑）。

弘兼　でも、体のために無理をして酒やタバコをやめて、**ストレスでほかの病気になって死んだなんて笑えない**ですよね。そのへんの匙《さじ》加減が難しいですが。僕もお酒はすごく好きです。70歳近くになった今でも日本酒を毎晩飲んでますが、さすがに体のことを考えて、最近は250ccぐらいでやめてるんですよ。

石破 250ccというと、二合《にごう》弱ですか。

弘兼 そうです。楽しみという意味では、趣味で体を動かしたほうが健康にもストレス解消にもいいですけど、最近は時間があまりないもので。ゴルフも今は年間10~12回ぐらいしかやってないですね。あ、でも月一回はやってるのか（笑）。石破さん、ゴルフは？

石破 私、生意気なこと言うと、ゴルフは高校生の時からやってたんです。一番いいスコアだったのは大学※14 4年の夏。もう単位も取って、就職も決まって、卒論も書いちゃったんで、することがなくて、ゴルフをやってました。実家のある鳥取へ帰ってセルフの砂丘ゴルフ場でプレイすると、一日3000円ぐらいで疲れ切るまでできたんですね。昭和53年※15頃の話ですが。その時はハーフを42で回ったりしてましてて。

弘兼 ハーフ42！ すごいじゃないですか！

石破 「俺はひょっとしたら上手いのではないか？」と思ったんですよ。

※14 **大学**
慶應義塾大学法学部法律学科入学、同学部同学科卒業。

※15 **昭和53年**
1978年。主な出来事は、24時間テレビ『愛は地球を救う』(日本テレビ系) 放送開始、日中平和友好条約調印、新東京国際空港（現成田国際空港）開港など。

弘兼　それは本当に上手いですよ。

石破　でも、それから銀行員[※16]になったら、ゴルフといっても支店長の運転手の係で、自分はやらせてもらえない。朝、支店長のお家《うち》に迎えにいって、終わるまで待っているだけ。その後、田中角栄先生の派閥事務所の秘書になってからも、ゴルフ場には行っても、秘書の序列ですら一番下でしたから、クラブすら握らずです。

弘兼　それは嫌になっちゃいますね。

石破　そのあと鳥取へ戻って初めての選挙の準備をして、初当選した次の日に青年部の仲間が、「石破くん、もう当選したからゴルフ行こうや。今まで大変だったろう」とか言ってくれたので、ゴルフに行ったんですよ。そしたら、周りから「石破、当選したらもうゴルフだぜ」とささやき声が聞こえてきたので、もうやめようと思いました。

弘兼　それは災難だ（笑）。でも、そうなんですよね。政治家って本当に人から見られる職業ですもんね。

石破　また、先生がおっしゃるように、ゴルフをしている時間もないし、

※16 **銀行員**
大学卒業後の1979年、三井銀行（現三井住友銀行）に入行。

ゴルフをやっていると一日中付き合っても、3人としかお話ができない。

弘兼　運動不足解消やストレス解消としてはいいけど、政治家という仕事を考えると、コスパとしては実に悪いですね。

高齢になっても仕事は続けたほうがいい理由

石破　最近60歳過ぎて思うんだけど、私はね、「この年で仕事ができるってすごく幸せなことだ」と。お酒よりも幸せですね。

弘兼　しかも、人に望まれての仕事ですからね。

石破　「つらいな」、「しんどいな」なんて言いながら仕事をしてますけど、この年でまだ自分の好きなことというか、やりたいと思うことができるというのはすごく幸せなことじゃないかしらと思うんですね。そういう意味では、大学や高校の同窓会に行くと特に感じますけど、**早めにリタイアしちゃった人ほど老けこむのが早いような気がする**んですよね。

弘兼　そうなんです。面白いもんですね、嫌な仕事でもやっている人のほうがエネルギッシュで若いんですよ、内面も見た目も。一方で、お金に困っていなくて、悠々《ゆうゆう》自適に暮らすといって早めに仕事を辞めちゃうと、老け込むのも早くなっちゃうんです。何より頭の回転が悪くなります。頭がしっかりしていたヤツも、ずっと田舎で釣りばっかりやっていると、他人と話もしなくなって、あまり頭が回らなくなっている（笑）。

石破　わかる気がします。マンションをいっぱい持っていて、その賃料や地代で食っていたりして、お金には全然不自由していない人って、意外と早くに老けるもんね。「あれ、本当にお前か！」みたいな（笑）。

弘兼　そう、老けますよ。それだけ仕事があるって幸せなんです。それから、なんにも悩みがない人もボケるのが早いといいますね。

石破　ああ、そうなんですってね。「自分の子どもが仕事や家庭で上手くいってなくて心配だ」とか、「住宅ローンの残りをどうしよう」とか、いろんな悩みを持っている人のほうが長生きするというのは聞いたことがあります。

弘兼　そう考えると、やっぱり仕事が一番ですね。僕の場合は、アイデアが浮かばない時に「ど、どうしよう？」みたいな**心地良いストレスが常にある**んです。

石破 心地良い、ですか。

弘兼 ええ。嫌なストレスというのではないので、「刺激」といったほうがいいですね。だから、政治家が若く見える人が多いというのは、やっぱり「見られている」という意識があるから、「ボケてる場合じゃねえぞ」というとこがありますよね。心地良いかどうかはわかりませんけど、ストレスが非常に多い職業ですしね（笑）。

石破 ストレスならトラック3台分以上はありますよ。

弘兼 トラック3台（笑）！

石破 常に人目を気にしますから、隙《すき》があったらいけないんですよ。だから、新幹線の中でもボケーッとしてられないし。

弘兼 鼻クソなんかほじってられないよね（笑）。

石破 絶対無理です（笑）。あと最近はすぐ写メを撮られてね。さらにTwitter※17で「石破なう」なんてツイートされたり。

※17 **Twitter**
アメリカのTwitter社のソーシャルネットワーキングサービス（SNS）。140文字以下の「ツイート」の投稿を共有する。

弘兼　石破なう、なんだそりゃ（笑）。あまり表舞台に出ていない僕でも、街を歩いてるとこっちにスマホを向けて写真を撮ってる人がいるんですよ。本当はひとりで歩いているのに、たまたま近くを歩いている女性と切り取られてツーショットみたいに撮られちゃったりね。やばいですよ。

石破　だから、私は新幹線の中でも飛行機の中でもあまりくつろげません。街なんかひとりで歩くのもなかなか難しい。たまに歩いたら「おおー、石破だ、石破」って呼び捨てにされてね。老けない理由のひとつかもしれませんが。

弘兼　『加治隆介の議』でも描きましたが、飛行機で国内移動の時は政治家の人は座るところはだいたい一番前の席なんですよね。みんな、あそこに誰が来るんだと見ていると、「おおー、石破さんが来た！」ってなるでしょう（笑）。最初からみんな見てますから。

石破　そうですね。だから飛行機に乗ったら気が抜けない。常に書類を読んで、「石破、ちゃんと仕事をしているな」と見られないと。

弘兼　いや〜つらいですね、それも。

石破 だから、プレミアムクラスとかに乗ると、いくらお酒が飲み放題でも、少なくとも行きの飛行機では絶対に飲まない。すごく損をしたような気になりますが。

弘兼 ああー（笑）。

石破 最近ではCA※18さんもわかっていて、その代わりに帰りの飛行機では、もう何種類もお酒をもらっちゃったり。

弘兼 いずれにせよ、断言できるのは、**年を取っても好きな仕事を続けること**――それが生きがいというか、若々しくいられる秘訣だと思いますね。これが高齢化社会におけるひとつのヒントだと思います。ただ、僕自身、漫画家という仕事は決して辞めたいとは思わないけど、さっきも話に出たように目がつらくてね。4時間ぐらい描いたらもう目がかすんで見えなくなるから、温熱アイマスクでケアして復活させてやるぐらい。でも、目以外は元気だし、まだまだやる気もあるし。いろんなことを思い出せなくなっているけども、アイデアはまだ浮かぶんですね。

石破 それは嬉しい発言ですね。まだまだ弘兼先生の面白い作品を読みた

※18 CA
Cabin Attendantの略語。旅客機の客室乗務員のこと。

いし、国会議員になった加治隆介の息子[※19]がどうなっていくのかも気になるので、まだまだ頑張って描いてくださいよ。

弘兼　ええ、まだまだ現役ですよ！

ＡＩやロボットの活用と限界

弘兼　これからの高齢者の役割というものを考えてみると、**何をしてもらうかではなくて、何かをする高齢者になるということが重要になる**でしょう。これはある意味、日本人特有の謙虚さみたいなものが発揮できるところでもあるし、高齢者に世の中の荷物にならないようにという自覚があることは立派ですよね。

石破　本当にそう思います。

弘兼　特に今、僕が「在宅死をすべき」という主張をしているのは、**みんなが病院死したら２０３０年には病院のベッドが足りなくなるから**です。いずれ死んでいく我々がベッドを占拠していたらダメじゃないですか。本

※19 **加治隆介の息子**
加治一明（かじかずあき）。隆介の長男。鹿児島県選出の国会議員。『社長 島耕作』では、防衛副大臣として活躍。『加治隆介』には少年時代の一明が登場する。

当にベッドを必要としている人の社会復帰の妨げになっちゃいますから。そのためにも「我々は家で死のう」と言っているわけです。

石破　在宅死を選択する場合のカギは、在宅医療、つまり、昔の往診医みたいな人が必要になることですね。

弘兼　それでね、計算したら圧倒的に往診医の数が足りないんですよ。現在のように、「医学部を卒業しなければお医者さんになれない」というような制度はちょっと変えていく必要もあるのかもしれません。例えば、今は救急隊の人たちがある程度の医療行為ができるようになりました。同じような形で、実技的な試験をクリアしたら**准医師として介護や在宅の医療を担当できるというような仕組みを作っていかないといけない**と思いますね。国家試験を通った人だけしか在宅医療ができないのでは、数が足りなくて行き詰まってしまいますよ。

石破　そうなんです。今、専門家や厚生労働省の中では、看護師さんや介護士さんにどの程度医療行為を負担してもらえるかについて議論されています。人生の最終末においては、「治療」というよりは持病や不具合の「管理」みたいな局面が増えるでしょうから、たしかにフルスペックの「医師」でなくてもいいところがあるのではないかと思っています。あと海外からの人材の受け入れについても、特区などでの取り組みが進んできています。

弘兼　そうです、**外国から人を入れるということも真剣に考えなくてはいけません**。そうそう、この間キューバに取材に行ったら、キューバはベネズエラなど近隣諸国に大変な数のお医者さんを輸出しているんですよ。[※20]フィリピンも国を挙げて看護師を積極的に育成していますが、日本はこの間、看護協会の方たちが自分たちのテリトリーを守るためなのか、日本語の難しい試験をフィリピンの人たちに課して、クリアできない人は本国へ帰すということをやりましたね。しかし、看護師も海外からどんどん受け入れていかなきゃいけない時代にはなりますよね。

石破　私は、どんなに高齢の方や女性の方に頑張っていただいても、やはり人材は不足するのではないかと思っています。これから頑張って環境整備をして、出生率を劇的に上げたとしても、**子どもを産んでくださる女性そのものの数は当面増えるわけではありません**よね。

※20　**キューバはベネズエラなど近隣諸国に大変な数のお医者さんを輸出している**　ベネズエラとキューバの間には、ベネズエラがキューバに非常に安く原油を提供しているかわりに、キューバからベネズエラに医師と看護師を派遣するという協定がある。

弘兼　一人当たりの出生率を上げたところで、これからは産む女性の数は少子化で減っていくということですよね。

石破　そうです。今、出生率を上げたとして、その人たちが赤ちゃんを産むようになるまでおよそ20年かかるわけですから、少なくてもあと20年は日本人は減る一方なのです。そして、今日本で起こっていることは、次は韓国で起こる。そのあと、台湾でも起こります。さらにもっとすごい規模で、中華人民共和国でも起こるわけです。

弘兼　中国は一人っ子政策のツケがいよいよ回ってくるわけだ。

石破　そうすると、**各国で外国人人材の奪い合いが始まります**。「ロボットやAI[※21]に任せればいいじゃないか」という意見もあって、それはもちろん進めていったほうがいいんですが、それだけでは無理があります。というのも、**ロボットは税金も払わないし、消費もしないからです**。私は弘兼先生より10年下だけど、若い頃に読んだ手塚治虫先生の漫画に、「ロボットが俺たちの職場を奪うんだったら、ロボットは俺たちの敵だ、打ち壊せ！」みたいな、そういう話がありましたよね。

※21　AI　Artificial Intelligenceの略語。人工知能のこと。

弘兼　え～と……、手塚先生の『火の鳥』に出てくる人工ロボット[※22]にまつわるエピソードですかね。

石破　はい、それです。1960年代の話ですね。「ふ～ん」なんて思いながら小学生の私は読んでたんだけど、あの設定のように人間の仕事を奪うようなことはなかったとしても、ロボットやAIが税金も払わないし、消費もしないということになれば、少なくとも国民の代わりにはなれないですよね。それで世の中すべてバラ色、なんてことはあり得ないんだと思います。

「日本人」になれる外国人の受け入れを

弘兼　国力を上げるためには人の力が必要です。国内に人がいなければ外国人しかいない。それは明らかですよね。

石破　たしかに、**カギのひとつは外国人だと思う**んです。そう言うと、「ドイツやオランダ、それからフランスを見ろ。外国人を入れたことによって

※22 **『火の鳥』に出てくる人工ロボット**
手塚治虫の代表作のひとつ『火の鳥』の「復活編」に出てくるロボット・ロビタのこと。

治安が悪くなって、職も奪われたじゃないか」と主張する人が出てくるんだけど、いまの日本の場合、有効求人倍率が高いわけです。

弘兼　つまり**仕事はあるけど、人手が足りない**。

石破　そうです、圧倒的に人が足りない。だから、少なくとも有能な外国人材を受け入れることによって、日本人の失業を生むという構図ではないと思うんです。たとえば、先日、宮城県の気仙沼《けせんぬま》市に行ったら水産業の有効求人倍率は6倍でした。

弘兼　なんと6倍ですか！

石破　しかも時給1000円払っても来る人、いないんですって。

弘兼　そうなんですかあ、ビックリだね。

石破　それで、インドネシアの技能実習生をいっぱい受け入れてるわけです。現場の方々は「インドネシア人のほうが働くくらいだ」って言ってましたね。しかも、日本という国にはキリスト教対イスラム教みたいな宗教の対立がありません。ヨーロッパの場合、宗派は違ってても基本的にキリスト教なので、そこにイスラム教が入ってくると、お互い一神教[※23]同士だから

※23 **一神教**　ただひとつの神的存在のみを認めてこれを信仰する宗教。ユダヤ教、キリスト教、イスラム教の3つがその典型だとされる。

いろいろな問題も生じるでしょうが、日本は違います。

弘兼　日本は多神教[※24]ですもんね。

石破　私自身、キリスト教徒なんだけど、日本の場合は基本的に八百万《やおよろず》の神《かみ》[※25]がおられるので、イスラム教徒であってもヨーロッパよりははるかに過ごしやすいはずだと思うんです。

弘兼　たしかにそうかもしれないですね。

石破　日本人って、日本語がしゃべれる外国人が大好きですし、受け入れる素地《そじ》というのはあると思うんです。たしかに日本語というのは小難しくて、我々日本生まれ日本育ちの日本人ですら小学校の頃、「文法は難しかったな」なんて思い出があるわけです。でもね、これから先、子どもの数はしばらく減り続けるわけで、そうすると**学校の教師が余る**んですよね。そして、**定年退職をした教師はすることがなくなったりする**。

弘兼　それこそ、団塊世代の教師たちが大量に定年退職を迎えますね。

石破　そうです。そういう優秀な教師たちを日本政府として活用して、ミャンマーでもベトナムでもバングラデシュでも積極的に送り込んで日本語

※24 **多神教**
神が多数存在する宗教。

※25 **八百万の神**
数多くの神、すべての神のこと。森羅万象に神の発現を認める古代日本の神観念を表す言葉。

を教えてもらい、**政府の責任で、日本語を外国人に習得してもらうという手はどうか**。と同時に、これは私の個人的な価値観なんですが、天皇陛下を頂点とする日本のあり方、文化・習慣などもきちんと教えていけば、日本に来た時にはすでにすごく溶け込みやすい素地ができている、ということがありうると思っているんです。だから、今でもたまに問題になるように、「技能実習生」とは名ばかりの、外国人を安い賃金でこき使って、期間が終わったらさっさと自国に帰りなさいみたいな一部のやり方は、とにかく早くやめるべきだと思うんです。

弘兼　教師の活用は新しい発想ですね！

石破　日本語がしゃべれて、日本の社会に溶け込めて、日本の文化が素敵だなって思ってくれる人は、将来そのまま帰化して「日本人」になってくれるかもしれませんよね。

弘兼　群馬県にはブラジル人がたくさん住んでいる地域があって[※26]、そこでは上手いこと溶け合っていますね。外国の人もバラバラになっていると孤独になるので、インド人ならインド人、バングラデシュ人ならバングラデ

※26　**群馬県にはブラジル人がたくさん住んでいる地域があって**
総人口42761人（平成13年3月末）の大泉町に暮らす外国人（登録者）の数は5999人で、外国人の町民人口に占める割合は14％を超えている。

シュ人の集まる村みたいなところを作って、そこから地域に溶け込むような社会を作っていくことも必要かもしれません。

石破　日本はすでにグローバル化した世界から大きな利益を得ています。自由な人の流れもそうしたグローバル化の一面であって、しかも**それが日本の高齢化のひとつの対策につながり得るわけです。**

弘兼　私も『会長　島耕作』[※27]ではグローバル化を軸に描いています。

石破　ですから、アジアにおける人材の取り合いみたいになる前に、「日本に行きたいな」と思われるような環境を作るということ、そこはやっぱり、政治が音頭を取って越えなければいけない壁だと思います。

カギは持続可能性（サステナビリティ）

弘兼　でも、移民の話になると、頭ごなしに反対という人も多いですよね。

石破　「移民」というのが、「難民」と混同されている面もありますし、語感として「言葉の通じない単純労働者」というイメージがあるのでしょう。

※27 **『会長　島耕作』**　現在、島耕作は総合電機メーカー「テコット」の会長に就任している。島耕作シリーズには、『課長　島耕作』、『部長　島耕作』、『取締役　島耕作』、『常務　島耕作』、『専務　島耕作』、『社長　島耕作』、『会長　島耕作』、『ヤング島耕作』、『ヤング島耕作　主任編』、『係長　島耕作』、『学生島耕作』、『学生島耕作　就活編』がある。ほかにも『JK 大町久美子』などスピンオフシリーズも存在する。

だから政府も「外国人人材」という言葉を使っている。ビジネスモデルとしてこれから先、日本が単純労働力のみを目的として外国から人材を受け入れるということはそもそも考えにくいですからね。だからと言って、「外国から人が入ってくるのは絶対にいやだ」というのは、我が国の国柄を考えても国益を考えてもちょっとおかしな話ですよね。

弘兼　そもそも日本という国が持たなくなっては元も子もない、と。

石破　そう、持続可能性ということです。これはちょっと話がそれますが、皇室の継承の問題とも似ているところがあるなと思っています。もちろん将来の天皇陛下も、男系男子でご継承いただけるのであれば、それに越したことはない。けれど、明治天皇陛下にしても大正天皇陛下にしても、皇后ではなく側室のお生まれでした。それくらい、男系を続けていくというのは難しい。そして先帝陛下が「これから先、元首たる天皇に側室がいるままで、近代国家として日本がやっていけるのか」ということで、いくら周りが「側室をお持ちください」と言っても、峻拒《しゅんきょ》※28されたわけですよね。それは大変立派なご見識であったと思います。だけど、側室なくして男系

※28 **峻拒**
きっぱりと拒むこと。あるいは厳しい態度で断ること。

となると、持続可能性は非常に低いと言わざるを得ない。代わりに旧宮家を復活するという意見もありますし、それも否定はしませんが、戦後何十年もの間一般国民として暮らしてきた方々が、ある日から突然に皇族、果てては天皇としてお勤めいただくというのは、本当に現実的な選択肢なんでしょうか。「男系でなければいけない」と言われるのであれば、いわゆる旧宮家の方々に公式にアクセスして、あるいは国民的議論によって日本国民がそれを受け入れられるかどうか問うて……ということを早急にやらねばならないんじゃないでしょうか。主張だけして何も実行せず、その結果として**皇室がなくなったらどうするんだ**って私は思うんですね。

弘兼　移民の受け入れとつながるところがたしかにある。

石破　私はそう思うんですよ。同じように、「移民はダメだ！」と主張だけして何もせず、結果として日本の国力が著しく低下し、日本の文化伝統がどんどん消えていったなら、どうするんだと私は思うわけです。日本が大好きで、日本の文化伝統を理解し、皇室や天皇陛下を敬い、日本語をきちんと習得して、日本社会に溶け込む人であれば、出身がどこであろうとかまわないんじゃないですか？　もし、人口比から考えて、特定の国からの移住が突出しそうだという懸念があるなら、ある程度のクオータ制[※29]という考え方だってあるでしょう。基本的にはそういう人たちに「ウェルカム」って言える日本でありたいですね。

弘兼　そうですね。外国の人でも日本を好きな人、今すごく増えていて、日本人よりも日本の歴史を知っている人、いっぱいいるんですよ。

石破　そう、いるいる。

弘兼　こちらが「え、そうなの？」って教えてもらうくらいで（笑）。それによく日本の文化も研究するしね。例えば、盆栽《ぼんさい》のことにすごく詳しい外国人もいっぱいいるわけです。ああいう人はどんどん受け入れて、むしろ、その人たちが本国に帰った時も**「日本はいいよ！」というプロパガンダのための要員と考えればいい**わけですから、もっと手厚くお世話すべきだと思いますね。

石破　そのほうが国益にかなうと私も思います。だから一番大事なのは、**どうやったら日本のシステムをサステナブル[※30]にしうるか**ということだと、

※29 **クオータ制**
政治システムにおける割り当て制度のこと。国民構成を反映した政治が行われるように、政治家や公的機関の議員や委員の人数を制度として割り当てる。

※30 **サステナブル**
持続可能な、の意。

私は思っているんです。

老後の究極のボランティアは地方議員

弘兼　どう死ぬかということでいえば、『島耕作』シリーズで今野輝常《こんのきつね》と※31いうキャラクターを思い出しますね。『課長 島耕作』から登場する名物キャラなんですが、彼は離婚をしているから退職後に誰ともコミュニケーションが取れなくなって、どんどん孤独になってうつ病になり、結局は自殺してしまうんですね。

石破　そういう意味では、やっぱり生きがいを見つける、生きがいを持って生きることって本当に大事ですよね。

弘兼　外との関わり合いを持つということが大切で、生きがいといってもずっと家にいてひとりで碁ばかりやっているとお友達もだんだんいなくなって逆に寂しさが募る。ただ「外に出るべきだ」と言っても、現実はなかなか仕事はないかもしれない。でも、**ボランティアならいっぱいあるんで**

※31 **今野輝常**　『課長 島耕作』から登場する人物。元大阪ショウルーム所長で、島のショウルーム課時代の部下だが、年下の上司である島耕作に敵意をむき出しにする。ヒールキャラでありながら、島耕作シリーズを盛り上げた功績は大きく、隠れファンは多い。

すね。ネットで調べたらいろいろボランティアの仕事が全国各地で紹介されていますから、そこに顔を出してみるとかね。ボランティアをやるなら、できることなら持ち出しのボランティアではなくて、交通費と１０００円ぐらいの弁当代が出る有償ボランティアがいい。それだったら、体を動かして、何かの役に立てて、そして自分の預貯金は減らないので、それこそサステナブルにずっとやっていけます。利益にならないけども、**自分の資産が減らないという有償ボランティア**、これから考えていかなきゃいけないジャンルじゃないですか。

石破　実はね、私は**「地方議員」は究極の有償のボランティア**だと思っているんです。市議会議員とか町議会議員とか。都道府県議会議員になるとちょっと違うんですけど。政治家として、自分のやったことが人の幸せに直接つながっているなという実感は、市町村議会議員のほうがリアルにあるんですよね。国会議員が「集団的自衛権がどうしたこうした」と言ったところで、地域住民に感謝されることはありませんから。

弘兼　外交・平和に関しては国会議員の仕事だから仕方ない（笑）。

石破　でも、「あそこの道路を直してあげたよ」とか、「ここに信号機を付けてあげたよ」とか、そういう地元の人たちの日々の幸せに直結するのは地方議員の働きだと思っているんです。

弘兼　そういう意味でも、これから地方創生は、その町の、あるいはその村の議員さんの力がけっこう重要になると思いますよ。

石破　ところが、うちの選挙区でもそうですけど、あちこちの市町村議会議員の選挙では、なんとかギリギリ、場合によっては定員割れ[※32]になっているようなところが多いのが現実なんです。

弘兼　ああ、そういえばつい先日、高知県の大川村《おおかわむら》[※33]で議員のなり手がいなくて、村議会を廃止して「村総会」を設置するかもしれないというニュースがありましたね。

石破　まさにそうなんです。2年前の統一地方選挙では、全国の市町村議会議員選挙の2割以上が無投票で、欠員の出る町村もありました。なんでなんだろう？　なんで地方議員のようにやりがいがあって人の幸せにも直結する仕事を、人々がやりたがらないのが私にはよくわからないんです。

※32 **ギリギリ、場合によっては定員割れ**
例えば2015年の北海道の統一地方選挙では定員の43％にあたる53人が、町村長選挙で、町村議会議員選挙では22％にあたる930人が、それぞれ無投票で当選を決めた。同じように全国各地で無投票当選が相次ぎ、また、定員割れの地域も出ており、担い手不足が浮き彫りになっている。

弘兼　そういった意味での究極のボランティアですか。いろんな考え方があって、議員も職業としての議員という形もありますけど、地方の議員の方ってほかに仕事を持っていて、収入はもう確保されていて、それでやる方が多いんでしょ。

石破　はい、多いです。

弘兼　あの号泣議員みたいに、職業としてやると経費ちょろまかして、お金ポケットに入れたりするし（笑）。

石破　そういう人はごくわずかです（笑）。普通は何かほかの仕事がないとやっていけませんもの。

弘兼　そうですよね。そういう方が多いですよね。地方の議員報酬※34が安すぎることとの裏返しかもしれないけど。

石破　はい。でも、給料が安いからといって、地方で議員のなり手がいなくなるというのは本当にいいことなんでしょうか。だから私は、60歳、65歳を過ぎた方が地方議員を専門にやったっていいじゃないかって思うんですけど、みんなそんな仕事はやりたくねえやって思ってるんでしょうかね。

※33 **「村総会」を設置する**
人口減少による議員のなり手不足を背景に高知県大川村（離島を除く自治体で人口が全国で最も少ない）は村議会を廃止して「村総会」を設置する検討を始めた。村総会になれば、有権者全員で予算や条例を審議することになる。過疎化が進むなか、地方自治のあり方を考える先行的な取り組みになるかと注目されている。

※34 **地方の議員報酬**
日本の地方議会などの議員に対して支払われる報酬。実質的に議員に対する給与。報酬は各自治体によって大きく異なるが、月額20万円に満たない市町村も少なくない。

弘兼　高齢化社会では、**何もかも国や地域任せにしないで、お荷物にならないとか、自立するとかという意識が基本になる**と思います。我々団塊の世代としては、けっこうそういう意識が高いと思いますから、人生の残りをボランティアとして地方のために尽くすのもいいですね。

石破　ぜひ皆さんに真剣に考えてもらいたいと思います。

地方議員を異性からカッコいいと思われる仕事に

弘兼　いわゆる〝億ション〟と呼ばれる価格の高いマンションは、入っている人はみんなお金持ちですよね。入っているのは、昔は大きな会社で役員をやっていたような方ばかりで。そのためか、マンションの管理組合の会合などで、住民同士がよく揉めちゃうんですね。「あのやろう、元常務の俺に向かって生意気だ」みたいな（笑）。

石破　それは嫌だな。過去は関係ないですもん。退職しても、プライドだけはまだある、みたいなことですか。

弘兼　元は常務とか専務とか、そんなおっさんたちがゴミの出し方なんかで「君、それ違うんじゃないの？」みたいなことを言い合っている（笑）。変なプライドだけあって、話がややこしい。男ってダメですね、昔の肩書にずっと縛られたままで。

石破　本当に嫌ですね。ちなみに私たち政治家はしょっちゅう肩書が変わるんですが、私は昔の名刺を持っているのも嫌ですね。今は、久しぶりになんの肩書もない衆議院議員だけの名刺になりました。それがこれです。

弘兼　ああー、なかなか新鮮ですね。

石破　新鮮なの、すごく。

弘兼　ベリーシンプルでいいじゃないですか。

石破　ありがとうございます。自民党総務会総務とか、自民党政務調査会水産基本政策委員会委員長とか、肩書付けようと思えばあるんですけど。

弘兼　でも、あまり書いていないほうが大物感がありますよ。ずらーっと肩書を入れると、虚勢を張った議員さんみたいになっちゃうから（笑）。

石破　たしかに。でね、本題に戻ると、やっぱり男が生きていく一番の活力というのは、**女性から「素敵ね！」って言ってもらうことに尽きる**。私はそう思います。もちろん女性の議員の方もたくさん活躍されているから、男性に限って言うならの話ね。

弘兼　それが結論じゃ、これまで話してきたこと、意味がなくなっちゃいますよ（笑）。

石破　でも、それっていくつになっても励みになるんじゃないんですか。

弘兼　もちろん、なりますね。だいたいミュージシャンって、みんな女にモテたいから楽器を始めちゃったりするわけで（笑）。

石破　私は、それってけっこう生物として根源的なことだと真剣に思う。

弘兼　それは根源的ですね。年を取っても変わらないものです。

石破　だから、「町議会議員さんって素敵ね」とか、女性に思ってもらえれば、多くの男性は張り切ってやると思いますけどね。

弘兼　なるほど。そう思わせるような職業であるべき、か。みんなから尊敬が集められるとか、「カッコいい」と言われるとかね。

石破　そうそう、そうあるべきです。そうなれば、たとえボランティアでも地方議員になってくれる人も現れるかもしれません。

年を取っても異性との交流は絶対必要！

石破　私は以前ね、フランスのマクロン[※35]大統領じゃないけど、正直、自分より年上の50代60代の女性に魅力を見出す男性ってどういう気持ちなんだろうって思っていたんですよ。
弘兼　ああ、マクロンの場合、一種のマザコンじゃないですか。
石破　そうなんですかね。
弘兼　プロ野球選手のペタジーニ[※36]もそうでしたね。25歳年上の学友のお母さんと結婚してね。数年前に離婚したみたいですけど……。
石破　でも、自分が50歳、60歳になってみて、やっと50代60代の女性って素敵だなってわかるようになったんです。
弘兼　それをわかってもらうために、僕は『黄昏流星群』を描いているんですよ。若い人たちは、「40歳？　ばばあじゃん」というけど、**「違うよ、**

※35 **マクロン**
エマニュエル・ジャン＝ミシェル・フレデリック・マクロン。1977年生まれ。第25代フランス大統領。2017年に行われたフランス国民議会選挙の結果、マクロンが率いる「共和国前進」陣営が全体の6割を超える350議席を獲得し、政権基盤を固めた。妻は、マクロンが高校生だった15歳当時、同級生の母であり教師だった24歳年上の女性。

女の魅力は40歳からですよ」と言いたかったんです。

石破　よくわかります。例えば、元外交官が故郷の老人施設に入って、そこにヘリコプターが落ちて、という話がありましたね。[※37]

弘兼　はいはい、ありました。でも老人ホームにはいじめっ子のガキ大将の同級生がいてね。片や外務省に入って国際的な活躍をして、片や大工の棟梁になっていて。老後に同じ養老院に入ったら当時の上下関係が復活して、また同じように殴られるという（笑）。悔しさから川に向かって泣くというシーンがありますね。でも施設にヘリコプターが落ちた時、適切な対応と語学力で尊敬を集めるようになるんですが。

石破　そしてその施設には昔のマドンナがいたりして。

弘兼　そうそう、マドンナがね！　そのマドンナへの昔も今も変わらない元外交官の淡い恋心も描いています。

石破　だから、やっぱりいくつになっても異性からよく思われたいという願望が人間にはあるんだと思うんです。男性でも女性でも50歳になっても60歳になっても、いや70歳になっても、異性から素敵だなって言ってもら

※36 **ペタジーニ**
ロベルト・アントニオ・ペタジーニ・エルナンデス。1971年生まれ。ベネズエラ出身の元プロ野球選手。日本ではヤクルトスワローズ、読売ジャイアンツなどで活躍し、ホームラン王のタイトルも獲得した。元妻は大学時代の先輩の母で25歳年上の女性。

※37 **という話がありました**
『黄昏流星群』17巻「星がりません勝つまでは」。

える生き方を、自分で見つけていかなきゃいけないんですよね。

弘兼　それはそうですよ。僕は本にも書いてますけど、**異性との交流というのは絶対に必要だと思います**。それはもう人生のオアシスみたいなものので。決して不倫とかそういうのじゃなくてね。

石破　男はいくつになっても男ということですね。

弘兼　そうです。そしてその気持ちが心身にエネルギーを与えてくれる。決して大げさではなく、来たる〝超〟高齢化時代を生きるヒントにもなると思います。

石破　もう一度、『黄昏流星群』を1巻から読み直したくなりました。皆さんにも「高齢化社会っていいものだ」と思ってほしいですね。

どうする？

ニッポンの大問題

どうなる？

第3章

少子化問題は国家の存亡にも関わる

「少子化は悪いことじゃない」に異議あり！

弘兼　少子化問題でよく言われることに、「少子化は悪いことばかりじゃない。食料問題を解決できるし、通勤電車も混まなくなるし、省エネにもなるじゃないか」という意見がありますよね。

石破　そうですね。

弘兼　社会学者やジャーナリストの一部が言っているのを聞いたことがあります。

石破　まあ、まずは我が国の子孫が繁栄しなくて、なんでそれがいいことなんでしょうか。私は、**基本的に子孫が繁栄しない社会が素晴らしいとはまったく思わない**。だって、人口が半分に減るということは、単純化していうと消費者が半分になるということですよ。

弘兼　たしかにそうだ。漫画の読者も減ってしまう。

石破　商店でいえばお客さんが半分になる。鉄道会社でいえば乗客が半分になる。そんな社会がどうしていいのか？　内閣府のデータなどによると、今のままいけば、西暦2100年には、日本人は今の1億2700万人から半分以下の6200万人に減る[※1]という数字も出ているんです。

弘兼　西暦2100年というと遠い未来のような気がしますが、あとたったの83年ですね！

石破　はい。このままいくと2200年には1391万人、300年経ったら423万人と、**今の30分の1になるとされています**。現在と同じ出生率と死亡率が続いていけば、こうなりますよ、という数字ですが。

弘兼　日本も数百年後には小国になっちゃいますね。

石破　でもね、こういう数字を挙げると「日本人が人口5000万人を超えたのは明治45年のことだぞ[※2]。明治40年頃に戻るだけで何が悪いんだ」とよく反論されます。でも、当時とはその内容が違うんです。明治45年の5000万人というのは、**若い人がいっぱいいて、シニアになるにしたがって人が少ない構造の5000万人**なんです。

弘兼　いわゆるピラミッド構造ですね。でも、これから待ち受けている社

※1　**6200万人に減る**
内閣府発表「我が国の総人口及び人口構造の推移と見通し」より。

※2　**明治45年のこと**
内閣府統計局「明治五年以降我国の人口」より。

会は、若い人が少なくて高齢者が多い、逆ピラミッドですもんね。

石破 高齢者の多い5000万人では、サステナブルな社会とは言い難い。「少子化の何が悪いんだ」という意見は、社会のサステナビリティをまったく考えない考え方だと言わざるを得ません。

人口に比例する国力と防衛力

弘兼 違う見方をすると、**国力というのはやっぱり人口に比例する**んですよね。アメリカの『フォーチュン』誌[※3]だったと思いますが、だいぶ前の記事で、21世紀の半ばぐらいには日本のGDPは世界10位になるという仮説が載っていました。1位はアメリカ、2位が中国、3位がロシアと、上位には今でも大国である国々が入っているんですけど、では10位の日本との間にどんな国が入っているかというと、バングラデシュやパキスタン、メキシコなど、人口が多い国が入っているんです。結局、人口が多いほうがGDPも上がるし、国力も上がるということになると、**日本の人口は減っ**

※3 **『フォーチュン』誌**
タイム・ワーナーの子会社タイム社が『タイム』とともに発行する雑誌。世界120か国でおよそ410万人が読むと言われる、世界最大の英文ビジネス誌。

ていくばかりですから国力が下がっていくことは間違いないですね。単純にマーケット、すなわち市場が狭まるわけですからね。

石破　国防力――**外敵から国を守る力も落ちていくでしょう**。自衛隊に入る人も減っていくわけで。

弘兼　少子化の問題から離れて集団的自衛権の話になるんですが、防衛力というのは相手が爆弾を100持っていたら、こっちも100持って均衡した状態を作らないと成り立ちません。インドとパキスタンの関係※4みたいに、相手が核を持ったらこっちも核を持たなきゃ武力侵攻の危険性が常につきまといます。でも、例えば北朝鮮が核を持ったから、じゃあ日本も核を持とうというふうにはしたくないじゃないですか。となると、核を保持している国と組んで防衛するという、**集団安全保障の枠組みの中の集団的自衛権を認めなければならないのは明白**です。そうしていかないと日本は生きていけないですよ。

石破　ましてや「専守防衛」※5と言っているわけですよ、憲法の精神に則《のっと》ってね。私も防衛大臣の時に国会で何度もそうやって答弁しました。でも、

※4　**インドとパキスタンの関係**
インドとパキスタンは大英帝国からの独立(1940年代後半)以来、カシミール地方の領有などを巡って、20年あまりの間に、3度にわたって全面戦争を行った。98年にはインドとパキスタンが核実験に成功するなど、両国の関係は常に緊張状態にある。

※5　**専守防衛**
日本の防衛戦略の基本的姿勢。『防衛白書』によると、その内容は「相手から武力攻撃を受けたときにはじめて防衛力を行使し、その態様も、自衛のための必要最小限にとどめ、また、保持する防衛力も自衛のための必要最小限のものに限る」と定義されている。

専守防衛というのは、あらゆる防衛戦略の中で一番難しいということもちゃんと語らないといけないわけです。

弘兼　相手から攻撃されてからでないと反撃できないですからね。

石破　**早い話が籠城《ろうじょう》戦です**。籠城戦が成り立つためには城が堅固であり、守りが鉄壁であること。それから、援軍がいつか必ず来てくれるという保証がないと籠城は成り立たないですよね。

弘兼　たしかに、**援軍が来なければ閉じ籠《こも》っていられません**。

石破　となると、援軍が来るまで食糧も弾薬も持ちこたえられなければならない。さらには、援軍が来るまで絶対に持ちこたえるんだ、守り抜くぞという強固な精神力も必要とされる。それらがないと籠城戦たる専守防衛は本来成り立たないんです。その上で考えてください。今の日本の守りって鉄壁なんですか、と。

弘兼　『加治隆介の議』でも、加治隆介が防衛庁[※6]長官に任命された際、集団的自衛権の解釈の在り方については詳しく描きましたが、決して鉄壁なんてことはないでしょうね。

※6　**防衛庁**
防衛省の前身である官庁。2007年1月防衛省に昇格。

石破 私にはそう言い切る自信はありません。食糧、弾薬、これもサステナビリティのお話ですよね。そして、多くの国民はいざとなったら自衛隊がなんとかしてくれると考えていると思いますが、そんな他人任せな姿勢では「強固な意志」とは言えないでしょう。それでいざとなったらアメリカが来て守ってくれる？ たしかに条約上はそうなっていますが、保証はどこにもありません。だから、専守防衛というのが実は一番難しい。でもそういうことを真摯に国民に問いかけたこともないんですね。

国家の防衛の視点から少子化を見る

弘兼 専守防衛という言葉が出てきたのはもうずっと前のこと[※7]ですよね。憲法でこちらから先手を打つことができないなら、攻撃されてからやり返せばいいじゃないか、ということでね。敵が海岸線から来たら押し返せといいますが、昔だったらたしかにそれでもよかったかもしれません。でも、今は兵器の性能も変わっています。北朝鮮のミサイル[※8]のように成層圏から

※7 **ずっと前のこと**
第二次世界大戦後。

※8 **北朝鮮のミサイル**
2017年7月4日、北朝鮮は朝鮮中央テレビを通じて「ICBM（大陸間弾道ミサイル）『火星14』の試射に成功した」と発表した。高度は約2500キロを大きく超え、過去最高高度とされる。約40分間にわたって約900キロを飛び、日本のEEZ（排他的経済水域）内の日本海に落下したとみられる。この後、7月28日に2回目の発射を行い、高度はさらに高い3500キロを超えたと推定されている。

爆弾が落ちてくる時代ですよ。実際、THAAD《サード》※9だって捕らえられないっていう説が根強くあります。そうなってくると、明らかに日本の領土へ向けて撃つという時に、撃たれて大被害が出るまで待たなきゃいけないのかということですよね。これも今、議論がたぶん自民党の中でも分かれていると思うんですけど、「先制攻撃するのも専守防衛のひとつじゃないか」という論もありますよね。

石破　たしかにあります。

弘兼　これはなかなか難しい問題ですが、撃たれるまで指をくわえて見ていて、例えば東京のあたりで大被害を受けてから、やっと反撃ができるのではなんのための防衛なのかよくわかりません。だから、撃たれる前に手を打つということをやらなきゃいけないと思っているんですけどね、僕は。

石破　今、少子化からこうした話になっていますが、例えば平時に常備軍の人員をいっぱい持っている必要はない。ただし、有事になったらきちんと軍務に服すようなリザーブ、予備役は必要なんです。しかし、これも**日本では決定的に足りないんです**。正規の自衛官だって足りないのに、これ

※9 **THAAD**
Terminal High Altitude Area Defenseの略語。アメリカ陸軍が開発した弾道弾迎撃ミサイル・システム。敵弾道ミサイルが、その航程の終末段階に差しかかり、大気圏に再突入している段階で、ミサイル防衛で迎撃・撃破するために開発された。

では持ちこたえるのは相当に困難ではないか。食糧、弾薬、人員、どれも不安があるのに、それで「専守防衛」なんてよく言うねという話であって。

弘兼　国家の防衛の在り方から少子化を考えるというのも、石破さんらしい視点だね。

石破　はい。実は少子化問題というのは、**国力、そして国防力にも密接に結び付いている**ものだと私は思っているんです。

高齢者に仕事、若者には高賃金――その両立は

弘兼　結局、少子化をいかに克服していくかということになるんですが、国として女の人に「産んでください」と言うのも難しいですしね。

石破　国として「産んでください」と言ったところで、産んでくれたためしは過去にありません。戦前の昭和10年代ですら、政府がさんざん「産めよ増やせよ」[※10]と言っていましたが、出生率は低下していました。**政府が言ったからって出生率が上がったりしません。**そんなこと絶対にあり得ませ

※10　**産めよ増やせよ**　1941年に閣議決定された、人口政策確立綱項に基づくスローガン。日本は昭和に入り、出生率に減少が見られていた。

ん。

弘兼　結局はいかに環境を整えるかですね。

石破　そうだと思います。先の内閣府のデータで、「生涯未婚率」も発表されていますが、こちらもなかなかショッキングな数字でした。**50歳までに一度も結婚したことのない人が男性の4人にひとり、女性では7人にひとりいるという結果**です。これでは出生率が高くなるはずもありません。未婚の人が増えている背景には、「見合い結婚」がほぼ消滅[※11]したこともあるのですが、まずは独身の人がどうやって結婚相手を見つけるかが課題です。

弘兼　国の政策としては難しい面もありますね。

石破　もちろん国がやるわけではありません。こういうのは民間の力を後押しする形ですよね。企業や地方自治体がもう「婚活パーティ」や「街コン」など幅広く取り組んでいますが、誰かが仲人さん的な役割を果たすとか、出会いの場を増やしてあげるということですよね。あと、**若い人の可処分所得[※12]をどうやって増やすか**ということ。例えばこれから元気な高齢の

※11 **「見合い結婚」がほぼ消滅**
国立社会保障・人口問題研究所のＨＰによると、２０１０～14年には5・5％に。

※12 **可処分所得**
所得のうち、税金や社会保障料などを除き、自由に処分できる部分。いわゆる「手取り」。

方がどんどん働くようになったら、若い人たちと競争になる部分が出てくるかもしれない。

弘兼 ああ、たしかにそうですね。

石破 高齢者の活躍を前提とすると、若い人たちがもし同じようなスキルしか持たなければ、その賃金は相対的に下がってしまう。今は有効求人倍率が高い、つまり絶対的に人手が足りないから、その分を高齢者の方々、あるいは女性の方々の活躍で埋めていく、というのが基本的な発想なんですが、その一方で若い人の賃金が下がると子どもが持てない、家が建てられない。だから少子化を止めるには若い人の可処分所得を増やさなきゃいけない。弘兼先生が会社に勤めておられた頃、あるいは我々が就職した頃というのはまだ社宅というのがありましたよね。

弘兼 ありました。松下電器の社宅、たしかに全国各地にいっぱいありましたよ。しかも独身用の社員寮もありましたね。私も入社から退社まで独身だったので社員寮に入っていました。

石破 それ、今はほとんどなくなっているんですよね。昔は給料が安くても、社宅に入ると家賃1万円ぐらいでそれなりの家に住めたんです。でも今はそれがないから、可処分所得がさらに減ってしまう。そう言われりゃそうかもしれないなと思うんですね。だから、ある程度低予算で住める場所と、キャリアアップを前提にした生涯的な教育のシステムを考えていかなきゃいけないと思うんです。

弘兼　う〜ん、難しいですね、それは。僕ら団塊の世代のように、ベビーブーム[※13]をもう一度というわけにはいかないですからね。今、石破さんがおっしゃったように、まず収入がないと子どもが産めないということがありますけども、そこは置いといて、**女性が働く環境ができれば子どもが産める、あるいは作れると思う**んです。子どもがひとりいるところにもうひとり生まれたら手が離せないので、やっぱり保育園のような施設も必要ですよね。それから今、離婚率が30〜40％ぐらいですよね。たしか3組に1組[※14]くらいかな。それを考えると、母子家庭を昔のように色眼鏡で見るのではなくて、**母子家庭が当たり前の社会を作らなければいけません**。要するに母子家庭の人たちが十分働けるような社会作りですよね。現にフランスや

※13 **ベビーブーム**
日本では1947年から1949年に第一次ベビーブームが起きた。この3年間の出生数はいずれも250万人を超えており、合計すると約800万人の出生数となる。この期間に生まれた世代が〝団塊の世代〟と呼ばれる。1971年から1974年、団塊の世代の子の世代で第二次ベビーブームが起きた。

※14 **たしか3組に1組**
厚生労働省「人口動態統計」のデータから、単純に2015年の離婚件数22万6215件を婚姻件数63万5156件で割ると35・6％となる。

アメリカなんてのは、学校のクラスのうちのおよそ半分が父親がいないいって聞きますよ。

石破 そうですってね。

弘兼 そういう国がやっていけるということは、母子家庭というのは普通のことであり、女性が働く機会もいっぱいあるということの証《あかし》ですよ。最近は男女差をなくして、女性でも働けるようにする「ダイバーシティ」※15の考えが浸透してきてはいますが、それと同時に、子どもを見る機関をきちんと整備していかなくてはいけません。

石破 島根県浜田市というところは、「シングルペアレント」にフォーカスして移住促進をしています。これは市長はじめ地元の方々の発想が非常に斬新だったと思います。なにせ単なる移住じゃなくて、必ずお子さんとご一緒ですからね。シングルペアレントが増えれば、悩みも共通だし、助け合えることも多い。結局、移住もこの2年間でかなり増えて、しかも再婚される方も多いそうです。こういう取り組みが全国的に広がっていくといいですね。

※15 **ダイバーシティ**
市場の要求の多様化に応じ、企業側も人種・性別・年齢・信仰などにこだわらずに多様な人材を生かし、最大限の能力を発揮させようという考え方。

権利の主張だけではなく

弘兼　それにしても、待機児童問題[※16]で「保育園落ちた日本死ね[※17]」というひどい発言が話題になりましたね。僕はあの問題はあの人個人の問題で、国のせいにするのもどうかと思うし、「死ね」なんてあんなこと言っちゃいけないですよ。**自分の利益中心に考えているだけではなく、国の事情も考えなきゃいけないでしょう**。それで「日本死ね」なんて、「お前、日本人だろう。国が死んだらどうすんの？」と思ってしまいます。

石破　あまりにもインパクトがある言葉だったから、メディアや国会でも騒がれたんでしょうね[※18]。

弘兼　本当にそうです。

石破　出てきている意見としては真逆なんでしょうけど、「保育園に入れなかったから全部憎い」という発想と、「保育園が近所にできたらうるさいから反対[※19]」という発想って、何か共通しているような気がします。

※16 **待機児童問題**
1990年代後半以降、一部の都市における待機児童数の急増が問題化している。2015年4月1日時点の待機児童数は全国で23167人（厚労省「平成27年4月の保育園等の待機児童数とその後」より）。

※17 **「保育園落ちた日本死ね」**
「保育園落ちた日本死ね」と書かれた匿名のブログが話題となり、賛否両論を巻き起こした。

弘兼　権利を主張し過ぎですよね。例えば、道路を造る時に最後までその土地に残る人っているじゃないですか。法律的にはたぶん、公の利益を優先するために強制収用できるとは思うんですけど、まぁそれはぎりぎりまでやりませんが。個人的な自分の意志だけ、権利だけを主張するのではなく、そこは日本人はもともと謙虚なんですから、**全体の利益のためには自分が犠牲になるという精神も若干は持たないといかん**と思いますね。今、日本社会全体の中で自己犠牲の精神がすごく薄くなってきています。もちろん、それればかりじゃいけないんでしょうけども、あまり権利を主張し過ぎる風潮というのもちょっとどうかなと思いますね。

石破　いずれにせよ、子どもについてはまずは個々人の意向が一番なんです。でも、内閣府の調査では、20代から30代の若者で、結婚したほうがいいと思っている方は全体の68％、希望の子どもの数はふたり以上なんです。ということは、この方々の希望をどうやって叶えるか、というのが政府のやるべきことだと思います。

弘兼　結婚式の時に、昔はよく祝辞で「一日でも早くおふたりのお子さん

※18 **メディアや国会でも騒がれた**
山尾志桜里衆議院議員が国会質問で取り上げた。また、「保育園落ちた日本死ね」は、2016年の「ユーキャン新語・流行語大賞」のトップ10にも選ばれた。

※19 **保育園が近所にできたらうるさいから反対**
朝日新聞デジタルのアンケートによると、「あなたの家の近所に保育園ができることになったら、どう感じますか？」と尋ねたところ、「好ましくない」という回答は約4％のみだったが、現実には各地で保育園の新設に反対する動きがある。

を」なんて言っていましたが、今はそれを言っちゃいけないんですよね。「子どもを持ちたくない」という意思を持っている人もいるし、子どもができない体の人もいるわけですから。だけど、子どもをたくさん産んでもらう施策は必要ですが、産まない人を悪者のように扱うことがないようにしないと危ないことになりますよね。

石破　おっしゃるとおり、それは絶対にいけません。

「女の子にモテたい！」と「クルマ」の関係

石破　この4月に発表された、2015年の国勢調査の結果[20]から、50歳まで一度も結婚したことがない人の割合が明らかになりました。

弘兼　**いわゆる「生涯未婚率」ですね**。

石破　はい。さっきもお話ししましたが、男性の場合は約4人にひとり、女性のおよそ7人にひとりが生涯未婚なんですって。

弘兼　2010年の発表から男女ともに大幅に未婚率が伸びています。[21]男

※20 **2015年の国勢調査の結果**
「総務省統計局」調査の結果。http://www.stat.go.jp/data/kokusei/2015/kekka.htm

※21 **男女ともに大幅に未婚率が伸びています**
50歳まで一度も結婚したことがない人の割合である「生涯未婚率」は、男性で23・37％、女性で14・06％だった。

性は3人にひとりが未婚になるのもすぐですよ。

石破 私、明らかに世の中が変わってきたなと思っているのは、**若い人たちが「車」に興味を持たなくなった**こと。これね、大変なことだと思いますよ。決して冗談ではなくて真面目な話ですよ。

弘兼 僕らが若い頃に車に興味を持ったのは、車を持っていると女の子にモテるからでしたよね（笑）。

石破 そうですよ。先生が連載中の『学生 島耕作』[※22]を読んでも、あぁ、**昔の男って女の子にモテるために何をすべきかということがすべてだった**と言っても過言ではないな、と思いますよね。

弘兼 本当にそうですよ。すべてがリビドー[※23]に駆られて行動していますよ。逆に考えると、**今の若い人は別に女の子にモテたいわけじゃない**んです。今の時代、ネットでも見ればいろんな画像や動画が出てくるから性的な処理はいくらだってできるし、付き合うのにリアルな人間関係を作ったりするのも面倒くさいということになると、もうバーチャルでいいじゃないかとなってしまうわけですよ。言ってみりゃあ、オタクばっかりの世の中に

※22 **『学生 島耕作』** 「島耕作シリーズ」の一作。初芝電器産業時代からさらに遡り、島耕作の早稲田大学での学生時代を描いた。コミックは全6巻。

※23 **リビドー** 性的衝動の意。

なったのかもしれません。

石破　いや、でもそれはおかしいですよね。私が大学生の頃かな、日産自動車が「チェリー」[※24]のCMに秋吉久美子さんを起用して、「クミコ、君を乗せるのだから」というキャッチコピーで一世を風靡《ふうび》しました。その影響もあって、誰もが助手席に女の子を乗せてドライブしたいと思ったものでした。

弘兼　そうかそうか、僕の青春の10年後はそうなったんだ。僕らの時代は、車といえばトヨタの「クラウン」[※25]がステイタスだったんです。「いつかはクラウン」という名コピーがありました。車を持つことは名誉というか、この頃は女の子にモテる必須条件でしたからね。なんてったって「愛のスカイライン」ですから（笑）。

石破　そうそう、「愛のスカイライン」！　懐かしいですね。「ケンとメリーのスカイライン」[※26]といっても、今の若い人はわからないか（笑）。CMソングもヒットしましたが、とにかくカッコよかったですね。頑張ってアルバイトしてお金を貯めても、もちろん新車なんて乗れるはずないから、私たちが学生の頃は日産「サニークーペ」[※27]に乗るのが夢だった。

※24 **「チェリー」**　かつて日産自動車が販売していた乗用車。1970年に日産初の量産前輪駆動（FF）車として発売された。

※25 **「クラウン」**　カローラ、およびランドクルーザーとともに、トヨタを代表する車種のひとつ。日本を代表する、また、トヨタの量販車種の中でも最上級モデルの地位を長く担う。

弘兼　サニークーペ！　いいですね〜。

石破　はい。初代のサニークーペにとにかく乗りたかった。ホンダの「N360」[※28]だとちょっと悲しいなってところがあってね（笑）。先生の時代ですね、N360は。

弘兼　そうそう、僕も最初に買ったのは中古のN360でした。

石破　10年違うとちょっと豊かになって、初代のサニーでも1000ccですよ。N360は名前のとおり360ccですからね。サニーも2代目から1200ccになるんだけど、初代のサニーのクーぺってすっごくきれいだったな。で、もうちょっとお金がある人は日産「ブルーバードSSSクーペ」[※29]に乗ってたね。

弘兼　SSSはよかったですね！　トヨタ「カローラ・レビン」[※30]とか、三菱「ギャランGTO」[※31]とかいすゞ「117クーペ」[※32]もカッコよかった。

石破　117ね、いい車だったなあ。

弘兼　石破さんも僕も車世代ですから、車談議になると止まりませんね。ぜんぜん少子化と関係ない（笑）。でも、**今は逆に若い世代の中では車の**

※26 **ケンとメリーのスカイライン**
1972年に発信された4代目スカイラインのキャンペーン。ロマンチックでヒューマンなストーリーに、若者から年配者まで幅広い年齢層の共感が集まり、キャンペーン用のTシャツやステッカーが飛ぶようになくなった。社会現象を巻き起こすほど強烈なインパクトを与えた。

※27 **「サニークーペ」**
日産自動車が1966年から2004年まで製造・販売していた。

※28 **「N360」**
本田技研工業がかつて製造、販売していた軽自動車。

話で盛り上がることはないっていいますよ。

石破　こんなふうには絶対に盛り上がらないでしょうね。我々の世代なら、117クーペはもちろん、初代、2代目の日産「シルビア」[※33]やマツダ「コスモ」[※34]など、当時と同じ車をメーカーが作ってくれたら「1000万円出しても買いたい」という人、多いですよ。

弘兼　ああ、ロータリーエンジンのコスモですね、いちばん最初の。

石破　やはり先生もお詳しいですね。はい、ロータリーコスモです。2代目コスモもけっこうきれいですよ。

弘兼　わかります。僕もコスモに乗りましたから。3代目のヘッドライトがリトラクタブルでグーッと上がるやつ。

石破　はいはい。

弘兼　その前によく暴走族が乗ってたごっつい2代目コスモも乗りましたね。こうやって思い返すといろいろ車は買っていたなぁ。

※29 **「ブルーバードSSSクーペ」**
日産自動車が1959年から2001年まで生産・販売していた乗用車「ブルーバード」の一種。

※30 **「カローラ・レビン」**
トヨタ自動車がかつて生産していた自動車で、カローラをベースとした1600ccクラスの小型スポーツクーペ。

※31 **「ギャランGTO」**
三菱自動車工業が製造・販売していたファストバックスタイルの2ドアハードトップクーペ。

クルマと女の子と音楽と

石破　当然、車自体がカッコいいなというのもあるけど、**車は女の子とふたりだけになれる空間というのが大きかった**。私が学生の頃、今の家内とドライブに行く時に……って、昔の家内がいたわけじゃないですけど（笑）、家内に「今日は海に行くかい？　山に行くかい？」と、それがカッコよくて言いたかったんです。

弘兼　わかります。ドライブコースによって音楽を考えて、カセットを作るんですよね、自分で（笑）。

石破　そうですそうです（笑）。

弘兼　この音楽のほうが盛り上がるぞ、みたいなね。

石破　この場面ではこの曲、みたいな。前の晩に一生懸命、編集するわけですよ。海だったら真鶴《まなづる》※35、山や湖だったら山中湖《やまなかこ》※36とだいたい決まっていたので、「この時間に小田原厚木道路に、この時間に真鶴道路に入るから、

※32「117クーペ」
いすゞ自動車が生産していた乗用車。流麗なデザインを備えた4座クーペであり、1970年代の日本車を代表する傑作のひとつに数えられる。

※33「シルビア」
日産自動車で生産されていた2ドアノッチバッククーペ型自動車。スペシャリティカーとして登場し、3代目や5代目は当時のデートカーとして商業的に成功した。

※34「コスモ」
1967年5月から1996年にかけて、マツダが生産・発売していた。初代・コスモスポーツから、4代目・ユーノスコスモまである。

ここでこの曲で盛り上げて」なんて考えながらテープを作っていましたよ。

弘兼　よ〜くわかります（笑）。

石破　何日もかけて綿密に計画を練ったのも楽しかったのですが、今の子たちってそういうことにまったく興味ないんですかね。

弘兼　興味ないですわ。もう全部スマホですから。

石破　ですよね。でもスマホなんかよりも、女の子とふたりで車に乗るほうがはるかに楽しい、という価値観が潰《つい》えたとしたら恐ろしいことです。

弘兼　なんで潰えたんですかね。

石破　本当になんででしょう。

弘兼　経済的な理由も大きいでしょうね。車のローン、車両税、ガソリン代、保険に加えて、特に東京では駐車場代が月に3万円くらいかかってしまう。でも、農家ではひとりに一台みたいに、田舎では絶対に必要です。まぁ、2台目以降は軽自動車ですけども、それと比べると都会はたしかに駐車場もないし、電車がどこでも走ってますから。

石破　都会と地方、事情は違うでしょうね。

※35 **真鶴**　神奈川県南西部の真鶴半島とその周辺を指す。地図上の形が鶴に似ていることから名付けられた。観光、デートスポットとして名高い。

※36 **山中湖**　山梨県南都留郡山中湖村にある淡水湖。富士五湖のひとつに数えられる。富士山に一番近い湖として名を馳せる。

弘兼　うちの息子も大学生になって免許を取ったんで、僕のスポーツカー、メルセデス・ベンツSLKが1台余っていたので、「どんどん乗っていいよ」と言ったら、ひとこと「別にいいよ」って言われましたから（笑）。

石破　なんともったいない！

弘兼　「え？　ツーシーターのオープンカーだぜ、なんでだよ？」って思いましたよ。あぁ、息子には女の子を乗せてどこかに行きたいという願望もないんだなと驚きました。

石破　私は「草食化」※37という言葉ですべてを片付けるのは嫌いだけど、間違いなく男の子のそういう欲望っていうんですか、なくなった気がしますよね。

弘兼　さっき石破さんが言ったように、ドライブ用のテープの編集にしても、今の若い人は、自分や彼女の好きな歌・聞きたい歌じゃなく、「こういう時は何を聞けばいいのか」とスマホで検索して、誰かがいいとオススメした曲を流すんですよね。調査能力はあるのかもしれないけども、クリエイティブな意識はあまりないんです。

※37 **草食化**
一般的に「心が優しく、男性らしさに縛られておらず、恋愛にガツガツせず、傷ついたり傷つけたりすることが苦手な男子」のことを草食系男子という。

石破　でもね、彼女が好きな歌を一生懸命聞き出して、彼女が喜んでくれる歌をこのシーンでかけようなんて、ホスピタリティ[※38]そのものじゃないですか。いや、もしかすると自己満足かもしれないけど。

弘兼　そもそも、彼女が欲しくないから生涯未婚率が上がるんじゃないんですかね。

石破　そう思いがちなんですけど、またもや内閣府の意識調査を引用すると、「恋人が欲しい」と回答した20～30代は60％を超えてるんですよ。

ＡＩの車には乗りたくない

石破　私ね、トヨタや日産、マツダの経営者の方々とお話をする機会があるたびに、「たしかに若者は車離れをしつつあるのかもしれない。でも、それを乗り越えて、若者が乗りたくなるような車を作ってください」と言っているんですね。例えば今、私、「レクサス」[※39]に乗っているんだけど、その使用説明書って、ものすごく厚いんですよ。

※38 **ホスピタリティ**　心のこもったおもてなし、サービス精神。

※39 **「レクサス」**　トヨタ自動車が世界65か国で展開している高級車ブランド。

弘兼　はいはい、ぶ厚いの。そんなの、読まないよね。

石破　はい、私も1ページも読まないですよ。使用説明書もそうだし、次の車に買い替えるまで、たぶん一回も使わないスイッチっていっぱいありそうです。

弘兼　あるある（笑）。

石破　だから、そんな不要な機能を付けるくらいだったら、**人間の本能を刺激するような面白い車、カッコいい車を作ってほしい**と言っているんです。そうすると、皆さん「若者が草食化した」とか、「近頃の若い者はスマホのほうがいいらしい」とか言うわけですよ。じゃあ、スマホを超える楽しさのある車を作ってくださいよ、と言いたい。

弘兼　そうですよね。実際、車は今、AIのほうに向かっていっちゃって[※40]、自動運転[※41]なんかに力が入っています。

石破　そんなものに乗るくらいなら、私、車乗りません。

弘兼　たしかにつまらないですよね。自動運転といっても、今の法律では助手席に乗っていなきゃいけないみたいだし、だったらハンドルを握らな

※40　**今、AIのほうに向かって**
2017年が明けると同時に各自動車メーカーがAIを搭載した試作車を発表した。

※41　**自動運転**
AIによる自動ブレーキシステムなど、交通の安全性を高めることなどが期待されている。

いのってすごく退屈ですよ（笑）。「なんのために俺はここにいるんだろう」みたいに思っちゃう。面白くもなんともないよね。でも、若い人はそういうほうが楽でいいのかもしれないけど。今は映画の『バック・トゥ・ザ・フューチャー』[※42]に出てくるような、空を飛ぶ車[※43]が出てますよね。電気自動車なんですが、空中を飛ぶ時は翼をサイドから広げてそのままフワッと浮いて。安いやつで3500万円ぐらい、高いやつが3億円ぐらいだったかな。ただ、日本では規制があるし、一般道路じゃたぶん危なくて乗れないんじゃないですか、まだまだ。

石破　その車なら女の子と一緒に遊びたいと思いますかね。

弘兼　どうでしょうね。夢はあることはたしかですが。でも、せっかく民間が「空飛ぶ車」を作ったり、いろんな企業努力をしたりしているのに、それが売れ始めると、**そこに税金をかけるって、どうなんでしょう**。一番いい例は発泡酒[※44]で、せっかく民間企業が一生懸命考えて新しい商品を作っても、ヒットしたらそこに税金をかけられるというのは厳しい。財務省や国税庁もちょっと考えてほしいですね。

※42 **『バック・トゥ・ザ・フューチャー』**
1985年のSF映画。マイケル・J・フォックス演じる高校生のマーティ・マクフライと科学者のエメット・ブラウン博士がタイムマシンで過去にタイムスリップするストーリー。第3弾まで公開された。

※43 **空を飛ぶ車**
例えば「AeroMobil（エアロモービル）」は500機限定で予約販売を開始した。走行時は翼を格納し、空を飛ぶ際は小型飛行機へと変形する。ヨーロッパでは飛行の認可は取得済で、次いでアメリカ、中国と販路を拡大する予定。日本での販売は未定。

石破 本来は、取りやすいところから取るのではなくて、広く公平に取るべきものでしょうけどね。

弘兼 企業もやる気なくしちゃいますよ。

女の子と一緒にいる以上に楽しいことって？

弘兼 国力・経済・防衛だけではなく、国の存続までかかっていく少子化問題ですが、あまり声高に危機感を叫んでいる人って、少ないですよね。まぁ、危機を唱えたところで解決のしようがないし、答えがわからないですからね。「笛吹けど踊らず」じゃないけど、笛吹いたって全然効果ないということになると、**何か根本的に変えなきゃいけません**。

石破 人口問題となると、領土問題や国防問題のような「熱さ」は感じられません。静かに、確実に進行しているこの危機に対しては、まだどこか他人事のようなところがあるわけで。

弘兼 政治家も国民もまだ危機意識が薄いですよね。

※44 **発泡酒**
原料の一部に麦芽または麦を使用した酒類で発泡性を有するもの（蒸留酒等を原料に含むものは除く）。ビールと同じ原料でつくられていても、麦芽使用比率が3分の2に満たなかったり、ビールに認められていない原料を用いると、発泡酒と定義される。

石破　私、地方創生大臣[※45]になったのって、国会議員になって29年目の時なんです。それまでもう何回も大臣を拝命したし[※46]、自民党の政調会長も幹事長もやってきました。本当に己を恥じるんですが、地方創生担当大臣になって愕然《がくぜん》としたのが、日本には1718の市町村があって、**その市町村によって出生率にしても、平均初婚年齢にしてもまったく違う**ってことを知った時。本当に「これが同じ国か」と思うほどでした。で、出生率が一番高い町と、一番低い町って3倍も違うんです。

弘兼　どこが高いんですか[※47]。

石破　一番高いのは鹿児島県の伊仙町《いせんちょう》[※48]なんです。2008年から2012年の合計特殊出生率がなんと2・81もあるんです。

弘兼　なんでそんなに高いんですか?

石破　『日本列島創生論』[※49]という本に詳しく書いたんですが、この町には、「くゎーどぅ宝」……すなわち「子どもこそ宝」という、**地域全体で子どもを育てようという精神があるから安心して子育てができる環境がある**……だからこそ出生率が高い、とされています。あとで詳しくお話ししま

※45 **地方創生大臣**
内閣府に置かれる内閣府特命担当大臣のひとつで、主として地方創生に関わる行政を所管する。2014年9月3日に発足した第2次安倍改造内閣で、初代地方創生大臣に任命された。

※46 **何回も大臣を拝命した**
これまで、防衛大臣、農林水産大臣、内閣府特命担当大臣（国家戦略特別区域担当）兼地方創生担当大臣などを歴任している。

※47 **どこが高い**
県別の出生数、出生率は内閣府・少子化社会対策白書「第1章　少子化の現状」に掲載されている。

すが、町長の子育て支援の環境づくりもまた素晴らしかった。なんでも国のせいにするのは簡単ですが、この伊仙町のような事例があることもどうか知っておいていただきたいのです。ちなみに、都道府県別で合計特殊出生率を見ていくと、一番高いのは沖縄県で1・94。島根県で1・80。3番目が宮崎県で1・72、4番目が私の出身地の鳥取県で1・69です。

弘兼 東京都はどうなんですか?

石破 もちろん最低の1・17です。

弘兼 つまり、楽しいことや娯楽が都会より少ない田舎のほうが子どもが増える傾向にあるんじゃないですか? 以前は発展途上国で人口が増えるのは、楽しいことがほかにないからだなんて一般的に言われていましたが、東京みたいに夜でも楽しく遊べる環境を作り過ぎちゃうと、異性に目がいかなくなるということもあるんだろうね。恋愛よりももっと楽しいことが簡単に手に入る時代、いい環境を作り過ぎちゃうと少子化になるという現象があるんじゃないですか。

石破 でもね、出生率でいうと実は東北は低い[※50]んです。宮城なんて1・31、

※48 **鹿児島県の伊仙町**
奄美群島の徳之島にある町のひとつで、鹿児島県大島郡に属する。

※49 **『日本列島創生論』**
2017年に新潮社より刊行された新書。正確には『日本列島創生論～地方は国家の希望なり』。初代地方創生大臣である石破氏が具体的なアイデアをもとに示す、可能性と希望に満ちた日本論。

※50 **出生率でいうと実は東北は低い**
2014年の全国各地域の合計特殊出生率をみると、北海道・東北、関東、近畿地域の都道府県は、全国平均よりも低い水準で推移しているところが多い。

秋田も1・38。埼玉や千葉並みです。**地方だから出生率が高いわけでも、結婚が早いわけでもありません**。

弘兼　へー。田舎だから、というわけでもないんですね。

石破　いくら楽しい娯楽がいっぱいあるといっても、女の子と一緒にいる以上に楽しいことってあるんですか？

弘兼　それは僕らがそう思うだけでしょう（笑）。

石破　それ以上に楽しいことがあるって本当に思っているのかしら。

弘兼　いや、もう思ってますよ。生身の人間は面倒くさいな、くらいの勢いです。石破さん、そういう時代が来ているんですよ。だって、今はソープランドでも、生身の女じゃなくてドールのソープランドがあるくらいで。

石破　ええ？　アンドロイドみたいな？

弘兼　はい、アンドロイドみたいな、1体30〜50万円ぐらいするダッチワイフが置いてあるんです。実物大ぐらいで、体も動くし、人気の女優に似てるヤツもあったりして（笑）。個人でも買えるんですけども。

石破　しゃべったりするのかしら？

弘兼 しゃべりはわからないけども、生身の人間ではなく、わざわざお金を払ってそのドールとエッチするんですよ。

石破 ……。

弘兼 そういう時代なんですよ（笑）。

石破 地方議員も国会議員も懸命に少子化の解決策を考えているのに。

弘兼 ただね、そういうのが世の男性に認められるってことは、アキバ系の人たちの発想はやっぱりすごいんですよ。

出生率が違うのは、それぞれ地域の事情がある

石破 1718市町村、全部数字は違って、しかも、出生率が一番高いところと一番低いところは3倍も違うと述べましたが、平均初婚年齢が一番若いところと一番遅いところでもなんと13歳も違う。[※51] 女性で平均初婚年齢の一番早いところは福島県双葉町《ふたばまち》で23・4歳、一番遅いところは京都府南《みなみ》山城村《やましろむら》で37・2歳です。

※51 **平均初婚年齢が一番若いところと一番遅いところではなんと13歳も違う**
厚労省「平成23年人口動態統計月報年計（概数）の概況：結果の概要／4 婚姻」に詳しくある。

弘兼　それじゃあ、出産には支障がありますね。

石破　20代での出産と比べると、女性のリスクや負担は否定できません。あと不思議なもので、男性の平均初婚年齢で一番早いところも、一番遅いところも高知県の中山間地の村[※52]なんです。早いのが本山町で25・6歳、遅いのが三原村で39・1歳。なんと同じ高知県内。

弘兼　へえ〜、なんででしょう？

石破　誰も説明ができない。例えば90歳で初婚という方がいるとか、そういう特異値というのは統計上だいたいハネますから。同じ高知県の中山間地の町村で、なんでこんなに数値が違うのか。真剣に分析するためには、そこの町、そこの村の事情をそれぞれ知らなければならないわけで、その原因をすべて国の政策のせいにするのは間違ってるんじゃないだろうかと思うんですね。なぜなら今までの少子化対策というのは、全国同じ基準でやってたわけですよ。でも結果はこんなに違う。

弘兼　社会のせいだ、国が悪いと言うヤツがいっぱいいるけど、あれは最低ですよ、本当に。「おまえのせいだよ！」って言いたいですよね。ちょ

※52 **高知県の中山間地の村**
中山間地域とは、平野の外縁部から山間地を指す。高知県の中山間地の人口は、過去50年間（2016年統計）で約22万人減少している。

っと誤解されるかもしれないですけど、**僕は自己責任という考え方が大好きで、「人生自己責任」だと思ってます**から。

石破 やはり、少子化問題は、それぞれ自治体において、みんなに見える形で、「なんでこうなっているんだろうな」ということを鹿児島の伊仙町のように**みんなで考えて解決するべきもの**であると思うんです。地方創生でうまくいっている市町村は、みんなそういう雰囲気があります。課題をすべて国のせいにしても、逆に言うと国が施策を作って地方自治体に持っていっても、もう効果的ではないということなんです。

弘兼 例えば、どうですかね、各市町村で若者たちが集まって、彼らなりの少子化対策の考えをまとめて報告すると、それに対する援助金を国が出すみたいな形にしたら。国に頼らず各自治体で自立して、みんなで考える機運が高まるんじゃないですか。額はどれぐらいが適切かはわからないけども。

石破 地方創生交付金というのは、ある意味今おっしゃったような形に近いです。地元の人が自ら考えてこの先5年間の戦略を作る。それも都道府県単位ではない、市町村単位です。これに対して持続的な取り組みだなと思ったところにつけたのが地方創生交付金です。なんとか「頑張ったらそれだけいろんな助成があるよ」という形にしたかったんです。地方交付税交付金というのは、基本的には格差を埋めるためのものだから、インセンティブは働きにくいんですよね。一生懸命頑張って人口を増やすと、「お、頑張ったな。じゃあ国からはもう援助しなくていいね」と、交付税が減る仕組みになってしまっている。

弘兼　それ、かなわないですよ！　さっきの発泡酒と同じですね。頑張ったら逆に税金かけられちゃうっていうことで、頑張った意味がなくなります。

石破　そうなんです。だから「頑張ったらもっといいことあるよ」ということにしないと、「頑張らないほうがいいや」ということになってしまう。

弘兼　それがいけないですよね。だから、**やっぱり若干でもインセンティブを出したほうがいい**ですよ。若者たちが集まってアイデアを出して、それを審査するところがあって、いい案であればお金か何かわかりませんけど、いろんな形で援助するということが必要なんじゃないかな。

石破 そう思ったから、地方創生交付金は今までとはまったく違う仕組みにしたんです。でも、そうすると、「頑張らないところは見捨てるってことなのか！」って、私、地方を回っている時に何度か聞かれたんですね。

弘兼 ああ、そんな人がいるんですね……。

石破 でもね、私は開き直って、「そうです！」って言っちゃいました。

弘兼 石破さんらしい（笑）。それでいいじゃないですか。頑張らないところは見捨ててもいいですよ。**自己責任ですもん**。

石破 だって、頑張ったところも頑張らないところも一緒にしたら、頑張らないほうがいいということになるじゃないですか。そしたら、みんな沈むだけですよ。でもそれっておかしいでしょ。だから、国としても、頑張ったところは一生懸命支援する、頑張らないところは支援しない。それで何が悪いんですか、と言いました。

弘兼 頑張っている市町村ってほかにあるんですか？

石破 たくさんあります。少子化対策というよりは高齢化対策でいうと、富山市のコンパクトシティへの取り組みがありますね。富山市は、土地は広いんだけど、人がバラバラに住んでいるから[※53]、必要な公共サービスへのアクセスがしづらかった。市はこの問題にかなり早い段階から取り組み、**都市機能を集約することを目指した**んです。例えば、路面電車やバス路線を充実させることで、あるエリアに人を集中させるという考えです。そうすることで、高齢者にとっては車がなくても住みやすくなる。

弘兼　なるほど。あと、少子化対策でいえば、地域によっては子どもが1人目生まれたらいくら、2人目生まれたらいくら、3人目生まれたらいくらってやってますよね。あれも助成金ですが、けっこうな額を出すんですよね。

石破　3人目には高い額を出すところが多いですね。福島県の矢祭町《やまつりまち》では、第3子を出産すると50万円のお祝い金、茨城県利根町《とねまち》ではなんと最大100万円がもらえると。ただ、そのお金がどこから出るのかということを考えると、そんなにバンバンお金を出すわけにもいかないでしょう。国も地方もお金はないですから。やはりそこはリーダーの政策や判断、周りの頑

※53 **人がバラバラに住んでいる**
1ヘクタール当たり40・3人で、最も低密度の県庁所在地。

張りが重要になってくるわけです。ちなみに矢祭町は「平成の大合併[※54]」に反対して、その後は独自で財政の歳出削減を行いました。職員と人件費の削減、議員報酬を月額制から日当制に変更、保育所・幼稚園の一元化など、枚挙に暇《いとま》がありません。こうした自立の試みで、矢祭町はリーダーシップを発揮した町長さん[※55]とともに全国的に有名になりました。

弘兼 さすが初代地方創生大臣、勉強になります。

平均寿命によって1票の価値を変えていく方法

石破 少子化・高齢化問題は他人事ではないし、これからの生活にも大きな影響を与えます。人口問題はすでに「起こっていること」だし、現在進行形の問題であるにもかかわらず、政治家も国民もなぜか危機意識が薄い。

弘兼 頑張って結果を出している市町村もあるのにね。

石破 だからこそ、今の若い人たちには政治に関心を持ってほしいと思っています。でね、こんなことができると私は思わないし、その制度を導入

※54 **平成の大合併**
1995年の合併特例法に始まり、2005～06年にかけてピークを迎えた、国の主導による市町村合併の動き。

※55 **リーダーシップを発揮した町長さん**
前町長・根本良一氏。平成の大合併に従わず「合併しない宣言」を出した。単独自治を貫き、自らの給料をバッサリ削減する行政改革で勇名を馳せた。

しろと言うつもりもありませんけど、この前、ある若い女性議員が言っていて「ほーっ」と思ったのは、**「人生があと何年残っているかで、投票の価値を変えたらどうですか？」**という意見。

弘兼　え、1票の価値を若い人に対してはたくさん与えて、70歳、80歳ぐらいの人に対しては減らしていくということ？

石破　はい。

弘兼　これは、憲法の平等の精神に反するなぁ〜。

石破　まさにそうです。正面から思いっきり抵触するんですけど、でも、「あと人生が5年しか残ってない人の投票権と、あと50年残ってる人の投票権が違ってはどうしていけないんですか？」と言われると、なかなかの論点だなあと思いました。

弘兼　まぁ、たしかに、渋谷あたりでチャラチャラ遊んでる若者で政治のこと何も考えてないヤツの1票と、真剣に政策を読んで勉強して投票する人の1票がなぜ同じなのかね（笑）。政策も何も知らず、誰かに頼まれたから入れた1票も、一生懸命自分で考えて入れた1票も同じというのも、これは考えたら不合理ですね。選挙というのは難しい。

石破 ここは本当に難しいんです。これはね、フィクションの世界と思って聞いてほしいんですけど、私は投票を義務制にするというのもひとつの考えじゃないかと思っているんです。つまり、**「投票は権利であると同時に義務である」**と。

弘兼 面白いけど、反対もすごいでしょうね。

石破 これから先、国をどうするか、県を市をどうするかについて、「自分の意思を表明することが権利であると同時に義務である」というのはひとつの考え方じゃないでしょうか。もし入れたい人がいないのであれば、「どうせつまんないヤツばっかり出てるんだし、だったら白票を入れる」ということでいいんです。棄権はしない、とにかく投票所に行って投票すること――投票を義務制にすることによって、少しは政治に対する意識が変わるんじゃないかと思います。

弘兼 なるほどね。結果として、**少子高齢化のような問題をみんなで真剣に考えていくきっかけにはなる**かもしれない。

石破　もし投票の義務に反した場合、「次は投票権はないよ」と言ったら、「じゃあそれはそれでもいいよ」という人が出てくるから、義務に反したら罰金でもいいんです。

弘兼　罰金か。それは厳しいね。

石破　でも、それくらいしていかないと、**今生きている人たちが将来に責任を持つことがなくなる**のではないでしょうか。先ほど言った、平均寿命から逆算してたくさん残っている人は投票権がいっぱいあって、残り少ない人は投票権が少ないという方式は、絶対に導入できませんけど、若者に政治への関心を持ってもらうという観点からは一理ある。

弘兼　まぁ真理は真理ですよね。ただ憲法があるから無理でしょう。

石破　それはそうですね。

弘兼　でも、僕はね、前から思ってるんだけど、一生懸命考えてる人と大バカ野郎が入れてる1票がなんで同じなんだ……っていうことについては、すごく矛盾を感じてますよ。

石破　これも難しいですよね、「お前はどうやって真面目に考えたんだ?」

なんて聞けないし、確かめようがないですからね。

弘兼 そりゃそうですね。

石破 でもね、国の将来のことを決めていく上で、一番民主的な方法を考えると、やっぱり選挙しかないと思うんです。なんでもかんでも国のせいにするんじゃなくて、やっぱりちゃんと選挙に行った上で主張をしてほしい。これもひとつの自己責任の在り方。

弘兼 しかしね、例えばアメリカでドナルド・トランプが大統領に選ばれた[※56]みたいに、政治や国の行く末を一生懸命考えてるんじゃなくて、〝自分の生活ファースト〟な人がトランプに入れちゃうわけですから。そうすると世界がおかしくなるということはまったく考えなくて、目先の……例えば「あなたの雇用をどうにかしますよ！」なんて言う人にバンバン入れちゃうということになると、そういう人が選ばれちゃうわけですから、選挙って怖いんですよ。直接選挙の怖さですよね。

石破 そう思います。

弘兼 日本も大統領制にするとか首相公選制[※57]にするとかに改革しても、例

※56 **ドナルド・トランプが大統領に選ばれた**
２０１７年1月20日をもって第45代アメリカ合衆国大統領に就任した。就任演説では、「アメリカ第一主義（アメリカ・ファースト）」を掲げた。

※57 **首相公選制**
首相を国民が選挙によって直接的に選ぶ制度。例えばイスラエルでは首相公選制が成立・実施されたが、政局が不安定になり、首相の指導力は低下した。結果、3度にわたって首相公選を行ったのちに廃止となった。

えばビートたけしさんが出馬すると、総理になったりすることもありますからね(笑)。たけしさんが悪いってことじゃないけど、これは怖いですよ。でも、選挙が少子化問題解決の入り口というのは面白い話です。

一番出生率が高い鹿児島県伊仙町の秘密

石破　さっきもお話ししましたが、日本で一番出生率が高い自治体というのは鹿児島県の徳之島の伊仙町というところです。

弘兼　徳之島ですか。元法務大臣の保岡興治《やすおかおきはる》※58さんのところですね。

石破　はい。そこの出生率が全国で一番高くて、2・81と、3に近い数字を出しています。もともと鹿児島県の出生率は高いんですけど、なんでそこが日本一なのか。

弘兼　はい、どうしてでしょう。

石破　伊仙町の大久保明《おおくぼあきら》※59町長はドクターなんです。ドクターから自民党の鹿児島県議会議員になって、町長になった人なんですが、町長というのは、

※58 **保岡興治**
1939年生まれ、鹿児島県出身。元裁判官、弁護士。法務大臣、裁判官弾劾裁判所裁判長を歴任。現・裁判官訴追委員会委員長。

※59 **大久保明**
1954年生まれ、鹿児島県出身。鹿児島大学医学部卒業。徳之島徳洲会病院院長などを歴任。現在、伊仙町長4期目。

ある意味で大統領制と同じじゃないですか。

弘兼 はい、直接選挙ですからね。

石破 すごい権力と責任を持ってるわけです。

弘兼 知事もそうですよね。

石破 はい。ここで紹介するのは、直接選挙のいいところが出た例です。ある時に町長が全部の集落を回って、「我が町の財政を見てください。高齢者にこれだけ使って、若い人にはこれだけしか使ってないんです」と、財政の苦しさとその使途に偏りがあることを率直に語ったんですね。もちろん、こうしたことは「町民だより」なんかには書いていたんですけど、誰もそれをいちいち読まないから、直接住民に訴えたわけです。高齢者の人たちはその話を聞いて、「俺たちにそんなにお金を使って、若い者にはお金を使わないできたのか。よし、もう敬老パスはいらない、敬老会の祝い金もいらない。**高齢者助成よりも若い人たちの子育て支援に予算を使ってくれ**」と申し出たというのです。

弘兼 高齢者の中に指導的立場の人がいて、率先して意見をまとめたんでしょうか。

石破　そうだったかもしれません。**「子孫に負債を残すな」**と。

弘兼　クレーマーみたいな人がいたら成り立たなかったかもしれないけど、意識の高い人たちが高齢の町民をまとめたんでしょうね。

石破　町の財政の厳しい数字を知って初めて、「あ、そうだったんだ」と。そこで、弘兼先生がおっしゃるように意識の高い人がいて、「おい、みんなこんなことでいいのか?」とまとめてくれたのでしょう。

弘兼　「俺たちの町の未来を自分たちで考えようよ」ってね。

石破　首長が住民と顔を合わせて話をしている直接民主制だからできたことだと思います。伊仙町のように直接民主制のメリットを生かしている自治体は、良い方向で改革が進められていると実感しています。

弘兼　エリアが小さいからやりやすかったってこともありますよね。

石破　はい。出生率が高いところというのはだいたいそうです。

弘兼　単純に自然環境がいいとかではなく、ちゃんと努力している自治体でもあるわけですね。

石破 出生率と平均気温は比例するという話もあるので、自然環境も大きな条件だと思いますが、やはり努力によるところが大きいですね。

弘兼 超高齢化、少子化の問題は地方に先にやってくるわけだから、少子化打破の立派なお手本ですね。

どうする？・どうなる？・

ニッポンの大問題

第4章

地方活性化への模索

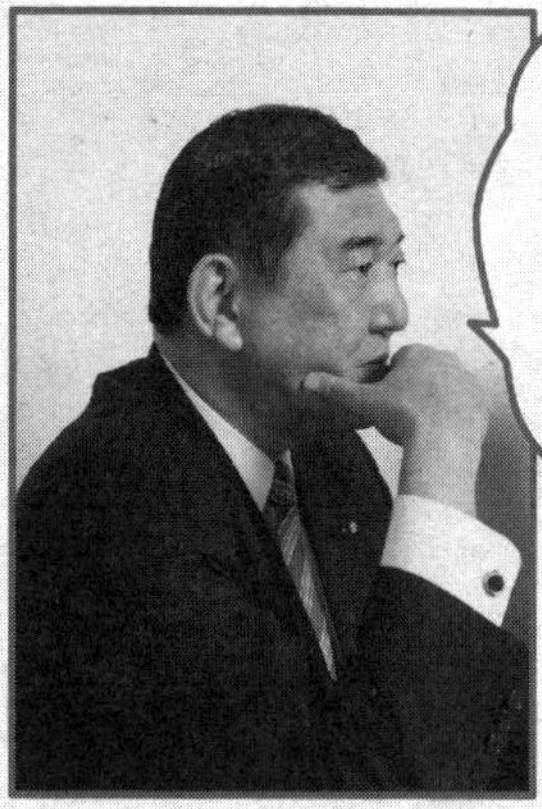
行政にすべてを任せる時代は終わったのです

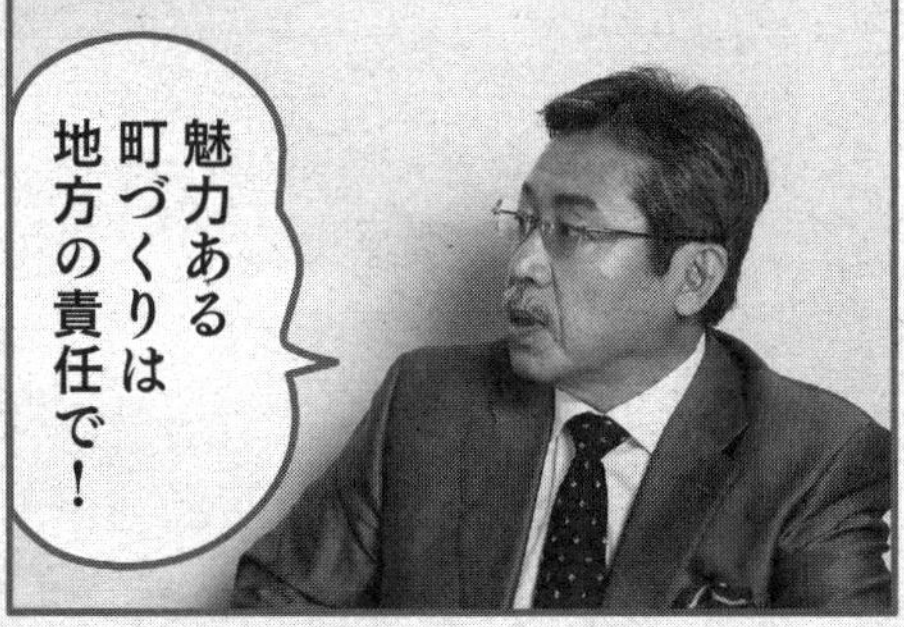

東京への一極集中を解消しよう

弘兼　高齢化や過疎化という問題は、やはり地方から進んでいきますよね。そこで考えなくてはいけないのは、**東京など都市部への一極集中の弊害**だと思います。

石破　東京一極集中については、さまざまな議論があります。もちろん集中のメリットもあるのですが、「地方消滅」……すなわち人口減少に直結する問題でもあります。

弘兼　僕、そろそろ地方にいろいろな機能を分散してもいい頃だと思っています。今、ご存じのように会議はネットでできる時代です。そうすると、わざわざ東京の本社にみんな集まる必要はないし、例えば東京と大阪で離れていながら、同じ会議にネットをつないでモニターに顔を映しながら参加できるわけですから。

石破　おっしゃるとおりだと思います。特に東京は、危険度も高いのです。

一番の危険は首都直下型地震でしょう。一極集中の問題点というのは、「東京がひとり勝ちだから不公平だ」という単純な話ではありません。一極集中は、東京にとっても大きなデメリットなのです。

弘兼 省庁も今、東京一極集中ですけど、地震の多い日本ではいつ壊滅的な被害が出るのかわからないので、分散させるという手はあります。

石破 しかも木造住宅が多く、密集している。さらに地下にはあれだけの路線が張り巡らされているわけですからね。

弘兼 そういえば石破さん、地方創生大臣の時に文化庁を京都に移す試み[※1]をやられましたよね。

石破 そうなんです。企業の地方移転を促進するためにも、「まず隗《かい》より始めよ」で国の機関が移転しなきゃダメだと。地方のクラブやスナックにきれいな女の子、いたりするじゃないですか。地方もいいですよ、って思います。

弘兼 それと都市機能移転の話が同じですか(笑)。

石破 でも、それって意外と大事なことです。例えば、大阪の財界人は「東

※1 **文化庁を京都に移す試み** 2016年3月、文化庁は数年以内に京都府に全面的に移転すると明記。豊富な文化財の保護とともに、観光振興への活用や国際的な発信力を強化するには、拠点を京都に移すのが効果的だと判断した。

京一極集中はけしからん」とみんな言うわけです。でも、**東京に一番移っているのは大阪の企業なんです**。

弘兼　ああ、松下電器産業（現パナソニック）もシャープも、サントリー、積水ハウス、伊藤忠も、本社は一応大阪にありますけど、東京の企業みたいになってますからね。

石破　そうでしょう。本社を大阪から東京に移した企業は、アサヒビールや大和証券、朝日新聞、野村證券、大林組、レナウン、住友商事……と挙げていたらキリがありません。

弘兼　この状況では一極集中の打破は難しいですね。

石破　それでも地方に根を張って一生懸命頑張っているのはトヨタとマツダです。トヨタは絶対に豊田市《とよたし》から動かないし※2、マツダは絶対に広島の府《ふ》中町《ちゅうちょう》から動かない※3——そんな企業もあるんです。一極集中を止めるためには、ひょっとしたら「東京へ行くことがカッコいいことなんだ」と思っている地方のコンプレックスみたいなものを解消したほうがいいのかもしれません。そういう意味で、きれいな女の子のお話を。

※2 **トヨタは絶対に豊田市から動かない**
愛知県挙母（ころも）市が、1959年トヨタ自動車に拠り「豊田市」に改称することが市議会で議決された。トヨタの創始者は豊田佐吉。

※3 **マツダは絶対に広島の府中町から動かない**
マツダの前身東洋工業本社が原爆の被害を奇跡的に免れたため、原爆の被害にあった広島県庁、市役所、裁判所、警察署などの主要機関が東洋工業の敷地を間借りしていたことによる。

弘兼　実はそうなのかもしれませんね。お笑い芸人が大阪を捨てて東京に出てくる構図と似ているかもしれません。

石破　でも、そうした気持ちの問題を指摘したところで国がなにかできるわけではないので、「地方に出たほうが得なんだよ」という仕組みを作りました。ふるさと納税の企業版とか、企業の地方移転に対する税制優遇とか。

弘兼　でも日本には「俺は東京でひと旗あげるんだ」という精神が根強い。

石破　そこはコマツ※4の相談役、坂根正弘《さかねまさひろ》※5さんがよくおっしゃる話なんですね。コマツは本社機能の一部を石川県に移していますが、その結果、若い人の雇用が地元に増えただけではなく、**社員の結婚率や出産率が飛躍的に上がった**そうです。30代女性で見ると東京本社の子どもの数は0・9人なのに対して、石川では1・9人。結婚率は東京が50％で石川が90％、しかも管理職の女性に限定すると、石川では出生率が2・8人です。

弘兼　え、そんなに差が出たの⁉

石破　はい。「女性が昇進しようと思ったら子どもを作れないというのは

※4 **コマツ**　株式会社小松製作所の呼称。東京都港区に本社を置く、日本の建設機械・鉱山機械のメーカー。

※5 **坂根正弘**　1941年生まれ、島根県出身。日本の実業家。小松製作所相談役特別顧問。取締役社長就任後、コマツの構造改革を断行し赤字800億円から営業黒字3300億円というV字回復を達成した。「在任中に実績を上げた実行力のある最高経営責任者」のトップ100では日本人トップの17位に選出された。

東京の論理。「石川では、むしろ偉くなる人のほうが子どもを作っている」と、坂根相談役はおっしゃっています。コマツでは東京でも石川でも賃金体系は同じだし、地方採用枠も作っている。話を単純にしてしまえば、**東京よりも地方のほうが子育てをしやすい**からこそもたらされた成果だということは言えるのではないでしょうか。

弘兼　地方は物価が安い、家賃は安い、食べ物は美味しい。石破さんの言うように、スナックのおねえさんもきれい。石破さんの話は冗談かと思ったけど、そういう深い意味があったのか（笑）。昔は地方に行くと情報があまり入らないということもありましたが、もうそういう時代ではなくなっていますしね。情報はインターネットでいくらでも入る。しかも世界中の情報でさえも瞬時に手に入る。

石破　教育もそうですよね。

弘兼　じゃあ、もう地方でいいじゃないですかね。

石破　みんなに、そう思ってもらいたいんですよ（笑）。

企業も部署ごと地方に移動させてはどうか？

弘兼 さっきは質問が途中になってしまいましたが、石破さんが文化庁を京都に移す時、どんな反対がありましたか？

石破 文化庁は全面的に京都府に移しましたし、ほかにも消費者庁の機能の一部が徳島県に、総務省統計局の一部が和歌山県に移転することになりました。反対意見として、「子どもたちの教育をどうしてくれる？」という話がありました。よくそんなことを文科省の外局たる文化庁の人が言うなと思ったりしましたが。

弘兼 なんでそんなこと言うんですか？

石破 やっぱり東京じゃないといい教育が受けられないって。

弘兼 意味がわからない（笑）。今は塾だってネット授業が主流ですよ。

石破 だから、それは理由になっていない。簡単に言ってしまえば、「面倒くさいから」反対なんだと思います。いろいろ理屈をつけてはいますが、つまりは**「東京から離れたくない」**。

弘兼　官僚が抵抗する理由は、こんなに通信技術が進んでいる時代には通用しませんよね。

石破　私たちの時代でも、東京の有名大学には地方出身の同級生がたくさんいましたからね。私も鳥取育ちで慶應高等学校に進学[※6]したし。それはみんなエクスキューズなんですよね。

弘兼　僕の出身大学の早稲田だって、半分くらいは地方出身者[※7]だったと思いますよ。

石破　今はもう地方のほうがよっぽど勉強に集中できます。ましてや、今はネットでどんな授業でも受けられる時代です。地方だからハンデがあるという部分がまるでないとは言いませんが、これも制度的に解消していこうと思います。

弘兼　そうですよね。漫画家という仕事も、やっぱり出版社が東京にあるから、昔は必ず東京在住だったんですよ。ところが今は、地方に住んで漫画を描いている人、たくさんいますよ。

※6　**鳥取育ちで慶應高等学校に進学**
石破氏は1957年鳥取県八頭郡生まれ。鳥取大学教育学部附属中学校を経て慶應義塾高等学校へ進学。

※7　**地方出身者**
弘兼氏は山口県の最東部に位置する岩国市生まれ。

石破　それは興味深い話だなぁ。

弘兼　昔は地方に漫画家がいる場合、空港や新幹線の駅に編集者が漫画原稿を取りに行って、受け取ったらすぐにとんぼ返りするということもありました。でも今はデータで原稿を瞬時に送れますからね、私たちの仕事も地方でやることに何も問題はないです。

石破　本当にそう思いますね。

弘兼　ネット時代ですから、会社も一極集中をやめて、あえて部署も全国にバラバラにしてもいいんじゃないですか。省庁との連絡がいるような部署は、たしかに東京のほうが便利ですけども、**研究部門や製造部門は東京でなくてもいい**わけですから。ただ、営業はやっぱり人口の多いとこのほうが必要だし、パナソニックのような電機会社に限って言えば、ＢｔｏＣ[※8]ではなくてＢｔｏＢ[※9]になりますから、やっぱり都会から離れにくいというところはあると思いますが。

石破　民間企業のコマツでも成果を上げているのですから、役所でも同じような結果を導くことは可能なはずです。本来、役所こそ率先して地方に

※8　**ＢｔｏＣ（企業対消費者間取引）**
Business to Consumerの略。元はインターネットを利用した電子商取引に関して使われていた用語で、企業が一般消費者を対象に商取引を行うビジネス形態。顧客の感情に訴える売り方を重視する。

※9　**ＢｔｏＢ（企業間取引）**
Business to Businessの略。製造業者（メーカー）と卸売間、または卸売と小売間など、企業の間での商取引。取引される商品は完成品ではなく、素材や部品が中心となる。

移転していくべきだと私は思います。

これからの物流はドローンがカギになる！

弘兼　一極集中で一番問題なのは、地方からだんだん若い人が出ていっていなくなると、我々世代だけがそこに残るということでしょう。僕はもうすぐ70歳になりますけど、まだ元気ですよ。でも、75歳ぐらいになって歩けない人が山の中腹《ちゅうふく》に住んでいると、買い物に行けないんですよ。近くにスーパーやコンビニがあるわけじゃないし。

石破　いわゆる「買い物難民」ですね。

弘兼　はい。配達を頼むと、ヘタをすると豆腐一丁のために往復2時間ぐらい、わざわざガソリンを使って自動車で届けるなんてことになると、誰もやってくれなくなりますよね。そうすると、**「ドローン」**[※10]**の活用が視野に入ってくるでしょう**。ドローンというのは、今は規制があって街の中は飛ばせないですけど、田舎の田んぼの上だったらいくらでも飛ばせます。そ

※10 **ドローン**
遠隔操縦あるいは自律式のマルチコプター又は無人航空機。災害救助や自然環境のリサーチ、スポーツの撮影、短時間での物の配達など、今後、多方面での活用が期待されている。

こで、山のふもとに中継所みたいのを作って、分散している地域にドローンで食料や生活必需品なんかを落としていけばいいんですよ。

石破 街中で落下の危険性があるのなら、河川の上をドローンの道にするという手がありますね。

弘兼 近い将来、**川の上をドローンがバンバン飛び交っているかもしれません。**河川をドローンの通り道にして、ドローン同士が接近してもぶつからないようにセンサーを付けて、ドローンが電線や橋をくぐり抜けて移動する……。ドローンでそうしたロジスティクス※11を確立する時代は必ず来ますよ。私も『会長 島耕作』で描きました※12が、すでに10kgの荷物を運べる機能を有していますが、現在は50kgの運搬を可能とするドローンも開発中です。これからひとりで住んでいるお年寄りが全国で増えるわけですから、**ひとつの高齢化対策と言えるでしょう。**

※11 **ロジスティクス** 経済において、原材料調達から生産・販売に至るまでの物流を企業が合理化するための手段。元は軍事用語で、必要物資をタイミングよく補給する仕組みを意味する。

※12 **『会長 島耕作』で描きました** 『会長 島耕作』7巻に収録。

故郷に帰りたい？　帰りたくない？

石破　弘兼先生は、いずれは故郷・岩国のほうに帰りたいという願望はあるんですか？

弘兼　僕、あまり故郷に帰りたいという願望がないですね。いや、ほとんどないかな。僕ね、都会が好きなんです。何をするにも便利だし。なんと言っても、子どもの時は大自然に囲まれていて、魚を釣っていたらミミズク[※13]は飛んでくるわ、近くでイノシシがタケノコを掘ってるわ、サルが柿を投げつけてくるわで、もう「リアルさるかに合戦」の世界にずっといましたから（笑）。田舎暮らしはもう十分です。

石破　私はいつでも帰りたい。

弘兼　へぇー、帰りたいですか。田舎の時にいい思いしたんじゃないですか。ああ、しているかもしんないですね、石破さんは。名士の息子[※14]だし、やっぱり特別扱いされた時期があるんでしょ。

※13　**ミミズク**
フクロウ科のうち羽角（いわゆる耳）がある種の総称。

※14　**名士の息子**
石破茂の父は石破二朗。二朗氏は、建設事務次官、鳥取県知事、参議院議員、自治大臣などを歴任。

石破 そうかなあ。

弘兼 絶対にそうですよ。僕なんてその辺のクソガキですからね（笑）。放し飼いのニワトリみたいな感じですから。

石破 すごい表現（笑）。

弘兼 親は働いていて誰も子どもの面倒なんて見ないから、今だったら絶対に遊泳禁止になるような危険なところに泳ぎにいって、友達が溺れて死んだこともありました。でも、次の日も同じところで泳いでいたりするわけです。もう、本当に放し飼い。

石破 でも私は、知事の子どもでなかったら鳥取を離れなかったと思うのね。知事の子どもであるがゆえに学校の先生がひいきするんじゃないかと周りに思われるし、常に学校で一番でなきゃいけないし、ということがすごく嫌でしたね。

弘兼 そういう逆コンプレックスがあったわけか。

石破 はい。それで私は地元を出たんですよね。私は姉がふたりいて、下の姉と15歳も年が離れていて、男の子は私ひとりだったんだけど、よく親が15歳から東京に出したなと思うんです。

弘兼　上京は慶應高校[※15]からですね。

石破　はい、高校から東京です。

弘兼　よく合格しましたよね。だって、慶應高校は慶應義塾大学に入るより難しいっていいますから[※16]。

石破　下に行けば行くほど難しいと言われてますね、幼稚舎に入るのが一番難しいって。上京して高校に進学したのは、国語の教師だった母の影響がありました。私の母親はもう二十何年前に亡くなりましたが、自分も知事の娘で、地元の学校で嫌な思いをしたんですって。戦前の内務省[※17]任命の県知事の娘として、県立女学校に行ったんですよね。

弘兼　ああ、お母さまから。

石破　で、この子をこのまま鳥取の県立高等学校に上げて、無理やり勉強させて、無理やり東大に入れたら絶対変な子になるに違いないと思って、15歳から私をポーンと東京に出したんですよ。最初は怖い街だと思いましたけどね。でも、それは今思えばありがたいことだったなぁ。そんな理由

※15 **慶應高校**
慶應義塾高等学校。所在は神奈川県横浜市港北区。中高一貫教育を提供する全日制課程の私立高等学校。

※16 **慶應高校は慶應義塾大学に入るより難しい**
慶應義塾高校の入学者数の半分が外部受験者である。2018年度の募集枠は一般330名程度、推薦40名程度。高校入学後はほぼ全員が慶應義塾大学へ進学できるため、首都圏屈指の難関校となっている。

※17 **内務省**
1873年11月10日に設置され、1947年12月31日に廃止された日本の中央官庁。地方行財政・警察・土木・衛生・国家神道などの国内行政を担った。

もあって、望郷の念が強いのかもしれませんが。

ひと筋縄ではいかない老後の田舎暮らし

弘兼 逆に東京生まれ東京育ちでずっと都会で生活をしていた人で、老後は田舎で暮らしたいと考えている人も多いので、上手いこと、その行き来ができればいいいんじゃないかな。ただね、田舎の人間というのはけっこう保守的で、よそ者に対してちょっと排他的なところもあるので、必ずしもパラダイスではありませんから。結果、孤独な気持ちになってしまって、都会から来た者同士がつるんで、結局また東京に戻っちゃうケースが本当に多いんですよ。

石破 そういうこともあるようですね。

弘兼 田舎暮らしの本もたくさん出ていますが、現実はなかなか上手くはいっていません。今、地方では移住してもらおうと地方税をすごく安くしたり、ただで古民家を供与したりインセンティブをつけて集めたりしてますけど、そもそもインセンティブがなければ集まらないというのが問題でしょう。インセンティブと言えば、「ふるさと納税[※18]」なんかもありますね。インセンティブを付け過ぎて問題になっていますが。

石破　今ではすっかりふるさと納税も定着しましたが、これも構想が語られ始めた頃には賛否両論でしたし、「できっこない」といった意見も多かったんです。「根本的な地方活性化策にはならない」といった声もいっぱいありましたよ。でもね、実際にゴーサインが出たら、**多くの自治体が知恵を絞って、村や市の魅力を訴えていった**。突飛に思われるアイデアでも、「実現不可能だ」と決め付けるのではなく、そうした斬新な発想が生まれることを大切にしなきゃいかんですね。

弘兼　ところで今はどうなんでしょう、年を重ねてから故郷に帰るとカッコ悪いのかな？　「故郷に錦《にしき》を飾る」じゃないですが、何か事を成して帰るのはカッコいいけども、途中で帰ると〝都落ち〟みたいに思われちゃうような風潮はまだあるんですかね。

石破　地方には多少は残っているんじゃないでしょうか。

※18 **ふるさと納税**
日本の個人住民税の制度のひとつで、日本国内の任意の地方自治体に寄付することにより、寄付した額のほぼ全額が税額控除される制度。寄付金の金額に応じて主にその地域の特産品を返礼品として送付する自治体がある。

弘兼 そうかぁ。40代、50代になって東京から故郷に帰ったら、「あいつ、東京で何か失敗して戻ってきやがったな」と、出戻りみたいに思われるんですかね。

石破 噂話もすぐに広がりそうね。

弘兼 その意識が変わるといいけど。あと、現実的に「老後を田舎で」と考えた場合、まず医療が充実しているかどうかが大きいですよ。コンビニがあれば買い物には困らないかもしれないけども、いろんな面で不便はあるんで覚悟は必要でしょう。まだ車に乗れるうちはいいですけども、乗れなくなったりするともう大変です。近い将来、老人向きに農道を簡単に走れるようなＡＩの軽自動車ができるかもしれませんね。ま、石破さんはまだ気持ち若いから自分で運転したいみたいですけど（笑）。

石破 私はぜ～ったいに運転したい派です。

「東京で偉くなって故郷に錦を飾る」はやめにしよう

石破　東京一極集中の問題を考えた時、実は『一寸法師』の時代から、都に上《のぼ》って偉い人の家来になって、今でいうと大臣になりましたというのがサクセス・ストーリーになっているんですよ。『金太郎』も同じで、偉いお侍さんにスカウトされて都に上ってハッピーエンド。

弘兼　昔は、末は博士か大臣かってね。

石破　そして、「♪志を果たして　いつの日にか帰らん」という歌詞の唱歌『ふるさと』[※19]を、県人会だとだいたい最後に歌うことになってる。

弘兼　めんどくせえ（笑）。

石破　だからね、それをやめろと。「志を果たして帰らん」じゃなく、「志を果たしに帰ろう」だろうと私なんかは思うのね。東京で勉強するのはいいんです。早稲田大学だろうが慶應大学だろうが、東京大学だろうがいいんだけど、**東京で学んだ知識を基に自分の故郷を良くしよう、そのために**

※19　**『ふるさと』**
『故郷』は1941年の尋常小学校第6学年用唱歌として発表された楽曲。作詞者は高野辰之。作曲者は岡野貞一。学校唱歌として現在でも6年生の教科書に載せられている。

東京で学ぶんだという価値観を作りたいなと思っているんです。東京で出世しようという価値観って、かなり意識して変えないとダメだと思うんですね。それこそ平安時代から連綿《れんめん》として続いている、「都で偉い人になって故郷に錦を飾る」というのは、やめにしたい。

弘兼 その図式は本当に良くないですね。

石破 そう。例えばイギリスで、ロンドンで出世することが大事という価値観があるかというと、実はそんな価値観はないんですよね。

弘兼 ないないないない。

石破 フランスで、パリで出世することが褒められる価値観とか。

弘兼 ないですよね。

石破 逆にイソップ物語の『町のねずみと田舎のねずみ』[※20]では、田舎のねずみが都会をいやがって帰っちゃう。「故郷に錦を飾る」だの「都落ち」だの、日本特有の、なぜか知らないけど形成された価値観というのは、みんなで努力して変えないといけないと思うんです。だから、地方に帰って地方を良くするために東京で学ぶんだ、という価値観をまずは作りたいな

※20 **『町のねずみと田舎のねずみ』**
この作品には、幸せは人それぞれで、満足の価値観や安心できる場所はそれぞれ異なるという教訓があるとされている。

と思っているんです。

地方でも海外からの投資を呼び込むべき

石破　そして就学でも就職でもいいんですけど、東京で身につけた知識や経験を生かして、地方に仕事を作ろうよということで地方に帰ったっていいと思うんですよね。今まで地方が発展をしてきたのは、公共事業と企業誘致があったからです。公共事業って、別に地元が工夫しなくても道路を造るとか下水道を造るとかやってくれるものだし、企業誘致だって、地元の工夫は特に必要なく、大手の自動車メーカーや家電メーカーが事業所を地方につくってくれる。こういうことで地域の雇用と所得が作られてきた。

弘兼　いい時代でしたよね。日本国中のあちこちに、ソニー、ナショナル、サンヨー、ホンダなど大企業の工場が建ちましたよね。

石破　今はもう、そうじゃない。ですから、企業誘致や公共事業で地方を活性化するという発想から脱却して、いかに**自分たちが住む地元の魅力を**

※21 **海外からの直接投資のGDP比率は3・7％であり、世界199か国中なんと196位**
2013年、経済産業省の通商白書2015「対内直接投資の現状」より。

※22 **ネパール**
ネパール連邦民主共和国。南アジアの共和制国家。2008年に王制を廃止した。人口約2650万人。首都カトマンズ。農業が主産業。

※23 **ブルンジ**
ブルンジ共和国。中部アフリカの内陸に位置し、共和制、大統領制をとる立憲国家。人口約1040万人。首都はブジュンブラ。農業が主な産業でアフリカの中でも経済開発が遅れている国のひとつ。

作っていくかということが大事だと思うんです。お任せ民主主義じゃなくて、自分たちで作る民主主義が初めて問われている時代だと思います。

弘兼 おっしゃるとおり。このグローバル時代、国内企業にこだわらず、海外企業を引っ張り込むのもひとつのこれからの選択肢ですから。

石破 今までその努力を十分にしてきたかというと、そうは言い難い。2013年度末の海外からの直接投資のGDP比率は3・7%であり、世界199か国中なんと196位[※21]。**日本よりも下というのはネパール[※22]、ブルンジ[※23]、アンゴラ[※24]の3つしかない**んです。なかなかショッキングな数字です。

弘兼 それはひどい。外資アレルギーが原因ですかね？

石破 それもあるでしょう。日本にフォードやGM[※25]、GE[※26]といった海外の大企業の工場が建ったという話もほとんど聞いたことがありません。

弘兼 たしかにそうだ。原因はほかにありますか？

石破 経産省の調査によると、阻害要因としては事業活動コストが高いこと、英語でのコミュニケーションの図りにくさ、商習慣のわかりにくさ、規制の多さなどが挙げられています。政府も特区の活用や海外企業の誘致、

※24 **アンゴラ**
アンゴラ共和国。アフリカ南西部に位置する共和制国家。人口は約2430万人。首都はルアンダ。主な産業は石油・ダイヤモンド産業。近年の急速な経済成長により首都ルアンダの物価は世界一高くなっている（2009年現在）。

※25 **GM**
アメリカ合衆国の自動車メーカー「ゼネラルモーターズ」の略称。本社はミシガン州デトロイト。

※26 **GE**
アメリカ合衆国の多角的企業。「ゼネラルエレクトリック」の略称。本社はコネチカット州。

ＭＩＣＥ（会議、研修、国際会議、展示会など）開催の促進などの施策を行い、ある程度の成果も出始めていますが、これからは地方が自ら企画・立案して、海外からの投資を積極的に受け入れようという姿勢も必要です。

弘兼　あと、かつては公共事業でやってこれたという意識もなかなか抜けないんでしょうね。

石破　そうでしょう。やっぱり地方が自ら意識変革しなきゃいけない。

弘兼　今、海外からの投資ということでいえば、例えば北海道のスキー場やら水源地やらいろんなところが外国人、主に中国人に買われているという現状があります。外国人が日本の土地を買うというのは日本ではＯＫかもしれませんが、外国では外国人が他国の土地を買うのは難しい国が多いですよね。これはどう考えたらいいんですかね。

石破　中国は一応、共産主義で、基本的に私有財産がないから、海外で財産を持ちたいってことだと思います。日本の場合、外国人が土地を買うことに対してあまり制約がないんです。

弘兼　ああ、そうか。ないんですね。

石破 外国人土地法という古い法律があるんですが、詳細を政令に委ねており、その政令が定められていないというのが現状です。

弘兼 ねえ。資産形成として東京など都市部の土地を買うならまだわかるけど、中国人がバンバン地方の水源地を買っているってことは、どうなんだろうって思いますけど。

石破 水源地については、水循環基本法が成立したので、各自治体の取組の後押しになると思います。

弘兼 でも、まぁバブルの頃は日本がアメリカの不動産を買いまくっていましたけどね。ロックフェラー・センター[※27]まで買っちゃったり(笑)。結局、みんな買い戻されちゃいましたけど。ただ、海外からの投資を引っ張ってくるのも大事ですが、それがまた中国に買われるというのも意味が違いますから。そこは**ある程度の法律整備も進めるべきでしょう**ね。

石破 土地の利用については、ある程度の「公」に用いるという概念が必要だと私は思っているのです。あまりにも私権、所有権が強すぎて、結局全体の利益を損ねている例が散見されます。これも喫緊の課題です。

※27 **ロックフェラー・センター** アメリカ合衆国ニューヨーク州ニューヨーク市ミッドタウンマンハッタンの5番街および6番街にある超高層ビルを含む複数のビルからなる複合施設。

男子が家事をすればするほど出生率は上がる

石破　意識改革といえばね、話は少し変わるんですが、男性が掃除、洗濯、炊事などの家事をするのは蔑《さげす》むべき価値観でしょうか。そんなことはありませんよね。

弘兼　そんなことはない。

石破　実は男性の家事が、**出生率を上げることにつながる面があるん**です。

弘兼　あと育児も。流行の〝イクメン〟※28ね。

石破　はい。男性が掃除、洗濯、炊事をする時間が長ければ長いほど、子どもの2人目、3人目が産まれるという確たるデータ※29があるんです。逆に、男性が掃除もしない、洗濯もしない、炊事もしないという家庭では出生率は上がらない。

弘兼　家父長制があった昔は、〝向田邦子《むこうだくにこ》の世界〟じゃないけども、お父さんは給料を持ってくる人、お母さんは掃除・洗濯など家事をする人と、

※28 **〝イクメン〟**
子育てする男子（メンズ）の略語。積極的に子育てを楽しみ、自らも成長する男性を指す。

※29 **確たるデータ**
2012年、厚生労働省の「21世紀成年者縦断調査」によると、子どもを持つ夫婦は夫が休日に家事・育児をする時間が長いほど、第2子以降の生まれる割合が高くなる傾向があることがわかった。

役割分担があって家庭が成り立っていました。しかし、今は家事だって炊飯ジャーや全自動洗濯機、食洗器はもちろん、お掃除ロボットまであって、ずいぶん楽になりましたよね。だから男性も気軽に家事を手伝えるはずなんです。通信機器の発展で仕事の効率もぐっと上がって余る時間も出てくるわけですから、積極的に育児にもかかわっていけばいいわけで。

石破 結果、出生率が上がればいいことしかない。

弘兼 「男子厨房《ちゅうぼう》に入るべからず」なんて言葉、昔あったじゃないですか。でも、今は男子厨房に入ったほうがカッコいいという時代になってきています。今はシェフが主人公の漫画なんかも出てきているくらいですから。男が料理する姿っていうのはカッコいいので、男が料理することをもっと国で推薦しましょう※30（笑）。

石破 本当にそうですよね。

弘兼 一流の料理人は皆、男ですからね。あ、そうだ、石破さんは中学の時、「職業・家庭」という科目はありました？

石破 私の時は「技術・家庭」でしたけどね。

※30 **男が料理することをもっと国で推薦しましょう** 例えば内閣府の男女共同参画局は「おとう飯（はん）」というキャンペーンを開始している。夫の料理へのハードルを下げ、家事に参加する時間を増やすための取り組み。

弘兼　男は大工仕事など、女は裁縫や料理を習っていたけど、これから学校の義務教育の中で男にも料理を教えたらどうなんですか。家庭科の中で。若い頃から意識を変えるほうが簡単ですよね。

石破　弘兼先生、男子の家庭科は、中学で１９９３年、高校で94年から必修になっているそうですよ。

弘兼　そうなんですか！　積極的にシチューの作り方とか学校で教えれば、早いうちに調理に向いてる自分を発見できるかもしれませんよね、男でも。

石破　私も、料理をするのが大好きで、料理をしながら片付けるのも大好きなんですよ。

弘兼　それ、〝男の料理〟なんですって。

石破　どうしてですか？

弘兼　男は「時間がもったいない」と考えるから、合理的にやっちゃうんですよ。何か煮込んでる間にもう洗い物をするという感じで。

石破　そういうものですか。とにかく、価値観というのは変えられると思うんです。逆に言えば、**努力すれば変わるけど、努力しなければ何も変わ**

らない。今のような少子化・高齢化の時代になってくると、男子が一生懸命、料理や洗濯や炊事をするということも大事なんです。

弘兼　本当に大事ですよね。

石破　はい。基本は「これを作ったら人が喜んでくれるかしら」という、そういう思いですよね、私が料理するのは。

弘兼　僕も本を出すぐらい料理が好き[※31]ですね。

石破　私、育児は苦手なんですけど、料理と洗濯は大好きなんです。

弘兼　ああ、僕も育児は苦手でしたね。やっぱり子どもがわーっと泣くとどうしていいかわかんなくなって。僕が抱くと泣くんですよ。で、女房が抱くと泣き止むじゃないですか。あれ、なんでかわからないけど。抱き方が悪いのかもしれないけども、ちょっと向いてないなと思いましたね。だからあまり偉そうなことは言えませんね（笑）。

※31　**本を出すぐらい料理が好き**
『弘兼流 60歳からの楽々男メシ』（マガジンハウス）。ほかにも、『知識ゼロからのワイン入門』（幻冬舎）などがある。

人間とは、つらいことから忘れていく動物

石破　先生が『黄昏流星群』などで描いておられるように、年を老いても奥さんと一緒にいたいと思うのは男性の発想であって、女性にはあんまりそういう発想はないと聞きますね。

弘兼　そうそう。誰と一番旅行に行きたいかって聞くと、男はだいたい「定年後に女房と海外旅行へ」と答えますが、**女の人は「女友達と海外に行きたい」と言う**んですね。

石破　女友達と？　そうなんですか？

弘兼　本当ですよ。だって旦那と一緒に行くと、ホテルの中でも家庭内と同じように「お茶入れてくれ」「下着どこ行った？」といろいろと使われるじゃないですか。遊びにいってまでダンナの世話をしなきゃいけないのは、やっぱり嫌だと思うんですよ。

石破　え、旅行などに行った時は、どうやって奥さんに楽させてあげよう

かって考えませんか？

弘兼 それならいいんですよ。世の中の男がみんな石破さんのようならいいんですが、そうでないヤツが多いから、女性は「あんな男と一緒に旅行なんか行きたくない！」と思うんです。そうそう、面白い話があって、**人間って楽しいことは覚えているけども、つらいことは忘れる**んですって。

石破 ほう。逆じゃなくて。

弘兼 だから認知症の人って、つらいことを覚えている人はあまりいないといいます。あれが美味しかったとか、これが楽しかったとか覚えていても、つらいことから順番に忘れていくんですって。

石破 そうなんですか。

弘兼 だから、**男はボケた時に奥さんの名前だけはずっと最後まで覚えてるんだけど、女の人って最初に忘れるのがダンナの名前**だそうで（笑）。そのくらい、ダンナの存在ってつらいらしいんですよ。

石破 やだやだ。

弘兼 だから男は誤解しちゃいけないんです。「定年したらお前とふたりで海外一周クルーズに行きたい」なんて、向こうは望んでないんだから。

石破　そういうものですか。

8年かけて一緒になった妻のために

弘兼　石破さん、奥さん孝行には自信がありそうですね。

石破　自信なんてまったくありません。でも先生、私はウチの奥さんと8年かけて一緒になったんです。大学1年の時に〝この子、きれいだな〟と思って。

弘兼　8年間ずっと付き合ったんですか。

石破　もちろん、その間はいろいろありましたけど。

弘兼　最初に知り合ってから、結婚するまで8年か……。

石破　自分が「頼む！」と言って一緒になった以上、「こんな人と一緒になるんじゃなかった」と思われるのはすごく悔しいじゃないですか。

弘兼　いい話じゃないですか！

石破 ただ、最初からそうだったわけじゃないんです。結婚して新婚旅行に行って、私はすごく楽しかったんですが、家内はそうでもなかったらしいんです。だいたい、結婚するまでというのはせいぜい1週間に一回ぐらいしかデートしないから、いいところだけ一生懸命見せるし。でもそれと、一緒に生活するのとは全然違うものなんですね。

弘兼 たしかにそうですよね。

石破 だけど、新婚旅行で一緒に初めて私と1週間過ごしてみて、「この人はこんな人だったんだ」ということに気が付いて、家内は愕然《がくぜん》としたらしいの。

弘兼 全然ダメじゃないですか（笑）。成田離婚[※32]のパターンですよ。

石破 北海道の新婚旅行から帰ってきてそう言われて、私はもう愕然としましたね。でも、その時にきちんと言ってくれたので、ウチの家内にはありがたいと思っています。

弘兼 それから修復する努力はされたんですか。

石破 それなりにしました。やっぱりね、こちらから頼んで拝んで一緒に

※32 **成田離婚**
「結婚したばかり」の男女が新婚旅行を機に離婚してしまうことを指して使われた、1990年代後半の新語。

なった以上、「こんな人と一緒になるんじゃなかった」と二度と言われてたまるものかと思いましたよ。

弘兼　新婚旅行でどうして嫌われたのかあえて聞きませんが（笑）、政治家の奥さんというのは、やっぱり銃後の備えというか、ダンナを立ててしっかりやっていく人が一般的なんですか。もちろん人それぞれですから、いろんな人がいるでしょうけども。

石破　ひとつ言えることは、そういう奥さんだと選挙に強い。

弘兼　かつて海外で酩酊《めいてい》会見事件[※33]を引き起こした中川昭一さんの奥さん[※34]なんか、夫が帰国した際、テレビカメラに囲まれた夫に向かって、「頑張れ、日本一、大丈夫！」と言ってましたもんね。

石破　そうそう。

弘兼　あれにはビックリしました。奥さんがみんなの前でダンナに「日本一！」とか言うって、すごいなって思いましたよ。ダンナが亡くなった後[※35]、奥さんが立候補して議員になられたのも驚きましたが。

石破　いろんな評価ありますけど、中川昭一さんを「日本一」と呼べた中《なか》

※33 **酩酊会見事件**
2009年、当時財務大臣だった中川昭一議員がG7の財務大臣・中央銀行総裁会議出席のためにイタリア・ローマを訪れた際、会議後の記者会見において酩酊しているかのような姿が各国のメディアで大きく取り上げられ、批判を浴びることとなった。

※34 **中川昭一さんの奥さん**
中川郁子（ゆうこ）。1958年生まれ、新潟県出身。夫・昭一氏の死後、夫の後継者として北海道11区から出馬し初当選。2014年7月に農林水産大臣政務官に就任。

※35 **ダンナが亡くなった**
2009年10月4日、東京都世田谷区の私邸の寝室で倒れているところを、郁子夫人によって発見された。

川郁子《がわゆうこ》さんは偉いなと、私は思いますよ。

行政になんでも任せる時代は終わった!

弘兼　おっと、地方活性化の話に戻りましょう。例えば広島は、昨年はプロ野球で広島カープが優勝※36して、マツダも頑張っていて、今すごく活気があります。※37観光客が行きたいと思うような、あるいは出身者が帰りたいと思うような魅力を作るということは、**地方の責任でしかできません**。地方が国にいくらお願いしても、こうした盛り上がりは作れませんから。今でもやはり中央におねだりみたいな古き習慣ってあるんでしょうね。

石破　あるでしょう。でも、そういうところは良くなれない。

弘兼　本当にそうですよね。結果を残している市町村はあるわけですから。

石破　地方が中央におねだりしてやっていられたのは、人口が増えて経済が右肩上がりに伸びていたからなんです。例えば、愛知県の長久手《ながくて》市長の吉田一平《よしだいっぺい》さんという人を、私はすごく尊敬しているんですけど、この市長

※36 **広島カープが優勝**　2016年、広島東洋カープが25年ぶりにリーグ優勝を果たした。

※37 **今すごく活気があります**　新書『広島はすごい』(安西巧／新潮社)に詳しい。

さんが言っているのは、「現在のように人口が減って経済もあまり伸びない時代には、行政にお任せも期待もしてはいけない。自分たち市民で何ができるかが重要であって、市役所にあれをやってくれ、これをやってくれと来ないでくれ」ってことでしてね。

弘兼 いいですねぇ。おねだりではなんの解決にもならない、と。

石破 **「俺の市役所には、あれをやらせろ、これをやらせろという人しか来ないでくれ」**と言い放つわけですよ。

弘兼 カッコいいじゃないですか！

石破 本当にね、すごくカッコいい。その彼が圧倒的支持を受けて当選している[※38]わけね。私はそうあるべきだと思っているんですよ、本来の町づくりというのは。**みんなが国や自治体に頼り切って、それで「国が悪い」「自治体が悪い」と言っているうちはダメです**。高度成長期のように財政に余裕がある時ならば、ある程度のおねだりも許されるかもしれませんが、そうではない以上、住民が主人公にならないといけないんです。

※38 **当選している**
2011年8月に吉田一平氏が初当選を果たす。初代市長に就任以来、小学校区ごとに「ミニ役場」と表現される「地域共生ステーション」を設けるなど、住民自治を促す政策をとっている。現在、2期目。

ひとつのヒットが地元にもたらす相乗効果

弘兼 地方でいろいろアイデアを出して頑張っている小さな会社はいっぱいあります。特にお酒というのはやっぱり狙い目ですよね。

石破 先生、今、名酒『獺祭《だっさい》』※39をモデルにした『喝采《かっさい》』を『会長 島耕作』で取り上げていますね。※40

弘兼 そうなんですよ。〝アジアのラストフロンティア〟と呼ばれるミャンマー※41を視察した島耕作が、ミャンマーの農業に対するポテンシャルの高さに注目したんです。そこで革新的な方法で日本酒を製造する桜沼酒造とともに日本酒造りプロジェクトに挑む――というストーリーですが、その桜沼酒造のモデルが『獺祭』を造っている旭酒造《あさひしゅぞう》です。

石破 はい、『獺祭』。全国で飲めるようになりましたね。

弘兼 『獺祭』は地元・岩国の誇る名酒ですからね。今、日本酒ブームが来ていて、地元のお酒をみんなで国内外に売り込みに行っていますよ。そ

※39 **獺祭**
山口県にある旭酒造が醸造している日本酒。「酒屋同士が取り合う」と表現されるほどの人気を誇る。

※40 **『喝采』を『会長 島耕作』で取り上げていますね**
『会長 島耕作』8巻に掲載。

※41 **ミャンマー**
ミャンマー連邦共和国。東南アジアのインドシナ半島西部に位置する共和制国家。国家顧問はアウンサンスーチー。

のなかでも『獺祭』は一番人気で、今、日本で一番売れていますけど、残念ながら品評会では必ずしも勝てないんですよね。富山の酒やら山形の酒やらが勝ったりしますから。

石破　それでいいんじゃないですか。何もかもオールジャパンで売れる必要はないと思いますよ。例えば『獺祭』なら山口の料理に合えばいいと思うの。ワインが産地の料理に一番合うようにね。だから、私なんて山口にオジャマした際に山口の料理と飲みたいなって思うんです。地産地消《ちさんちしょう》※42ってやつですかね。日本国中で受けようとすると、味も変わってきちゃうのも少しもったいないし。

弘兼　全国区になっちゃうと、特徴がなくなってくるものなんですかね。

石破　なくなりますよね。でも、『獺祭』は大丈夫ですよね。

弘兼　はい。あと相乗効果というのが大きくて、『獺祭』が注目を浴びたおかげで、岩国のほかのお酒、例えば『雁木《がんぎ》』※43とか『金冠黒松《きんかんくろまつ》』※44、『金《きん》雀《すずめ》』※45とか、美味しいお酒がいっぱいあるので、それが一緒に売れるようになりました。おかげで山口県は今、すっかり酒どころになりましたよ。あ、

※42 **地産地消**
その地域で生産されたものを、その地域で消費すること。地域の活性化や、食料自給率のアップなどにもつながると期待されている。

※43 **雁木**
山口県にある八百新酒造が醸造している日本酒。

※44 **金冠黒松**
山口県にある村重酒造が醸造している日本酒。

※45 **金雀**
山口県にある堀江酒場が醸造している日本酒。

『五橋《ごきょう》』※46もいいですね。『獺祭』はね、リーダー※47が上手く引っ張ったんです。酒屋同士で取り合いになるほど売れているんですが、例えば杜氏《とうじ》※48を置かずに社長と社員だけで醸造したり、四季醸造※49の体制を敷いたりして。既成概念に捉われない改革で成功したわけです。政治の世界でもそうじゃないですか。

石破　そうですね。「どうせウチなんかダメなんだ」って言ってる人がリーダーだったら、そんなところに人が来るはずがないんです。『獺祭』の成功から学ぶことはたくさんありますね。

官民一緒になって地方活性化の知恵を絞れ！

石破　そもそも、**「何もない」地方なんていうのは絶対にない**んですよ。お酒であろうが温泉であろうが食べ物であろうが必ず何かあるし、またそれを地元の人で見つけなきゃいけない。

弘兼　それは地方の人が率先してやっていかなければいけないんだけど、

※46 **五橋**　山口県にある酒井酒造が醸造している日本酒。

※47 **リーダー**　桜井博志（ひろし）氏。先代である父の急逝により社長に就任した際は倒産の危機に瀕していたが、既成概念に捉われない「逆境経営」により『獺祭』のブランド化に成功した。現在は長男の桜井一宏氏が社長に就任している。

※48 **杜氏**　日本酒の醸造工程を行う職人集団。すなわち蔵人の監督者であり、なおかつ酒蔵の最高製造責任者。

※49 **四季醸造**　冬場のみでなく、年間を通じて酒を造ること。

やる知恵がなかったり、そういう人材がいなかったりする場合のほうが多いので、誰かが入り込んでやるという方法も考えたほうがいいですね。

石破　でも、「俺が東京から行って教えてやるぜ」「俺は国家公務員だ」みたいな、そんな人が来てもしょうがないんですよ。

弘兼　一番ダメですよね。役人よりもどうですかね、広告代理店みたいなシステムで。それも民間のほうがいいんじゃないかな。でも、官民の協力のもとにやる「第三セクター」[※50]という方式ってあんまり成功してないケースが多いですよね。結局のところ、**最終的には利益を目指す民に任せるほうがいい**んじゃないですか。官は、要するに段取りをやってあげるということで、あとは民にお願いして。

石破　私が地方創生大臣の時に作った、「地方創生人材支援制度」[※51]というのがあります。地方自治体からの「ウチはこんなことやりたい、そのためにこんな人が欲しい」というニーズに対して、有能な人材を派遣するものです。人材は官も民も合わせて、希望者から採用しています。「なんでもいいから中央に顔が利く財務省の人をくれ」といったリクエストは受け付け

※50　**第三セクター**
第一セクター（国および地方公共団体が経営する公企業）や第二セクター（私企業）とは異なる、両者の共同出資によって設立される法人。

※51　**地方創生人材支援制度**
内閣府「まち・ひと・しごと創生本部」が2015年度に開始。意欲と能力のある国家公務員や大学研究者、民間会社の人材を市町村に派遣し、地域に応じた地方創生のための処方箋づくりを支援する制度。

ない一方、派遣される人材のほうも、「俺が知恵を授けてやろう」「東京から来てやったんだ」というような姿勢の人は入れません。「私たちはこのまちでこんなことがやりたい」「私はこのまちでこんなことを実現したい」という双方の希望を前提として、地方の目線で考え、地域の人と一緒になって頑張る人を、1年から2年、地域に実際に派遣しています。いわばマッチングを、**特に小さな市町村を中心として行っているんです**。もちろん、弘兼先生がおっしゃるとおり、民間の邪魔をしないことも大切です。

弘兼　なるほど。上手くいくといいですね。それから、地方活性化ということでいうなら、例えば僕のところに、地方のほうから「ウチに取材に来ませんか？」というお誘いが来ることがあるんですよ。実際、大分県がそうだったんですが[※52]、大分県はハウス栽培などが盛んですよね。

石破　はい、大分産のお野菜は大変美味しい。

弘兼　ちょうど『会長 島耕作』で農業の問題を取り上げようとした時に、大分県庁の農林水産部から「ウチに取材に来ませんか？」というオファーがあったので、実際、大分に行って先進的な農場を取材しました。ヤシガ

※52 **大分県がそうだった**　大分県庁からの提案により、弘兼憲史が大分の先進的な農業への取り組みを取材。実際に『会長 島耕作』でも紹介された（コミック1巻に収録）。

ラ※53を使った循環方式の灌水《かんすい》システムから、土を使わずに噴霧水耕と人工光で薬物野菜を育てるシステムなど全部見せてもらいました。そのお礼というか、僕も取材の成果を『会長　島耕作』で描くわけですよ。それがきっかけで、スウェーデンの技術などを取り入れた大分県のあるハウス栽培のことが有名になったりして、それなりに経済効果もあったと思いますね。攻める農業の今と未来についてはほかに本も出した※54んですが、とにかく大分県のPRしようとする力もすごかったです。

石破　そういうこともどんどん地方から仕掛けるべきですね。

弘兼　賢いやり方ですよね。ほかにも、テレビドラマで「ウチを舞台にしませんか？」みたいなオファーもあって、ありがたかったですよ。テレビドラマが一番影響あると思うんですけど、その地方が舞台になると観光客が来るんですよね。あの韓流《ハンリュウ》スターのペ・ヨンジュンが主演を務めた『冬のソナタ※55』のロケ地が韓国では観光地になり日本人もたくさん行きましたが、日本人でもあまり行かない秋田県の地域※56が韓国テレビドラマ『アイリス※57』のロケ地になったことから、ロケ地巡り・聖地巡りという現象が起きて、

※53　**ヤシガラ**
ココヤシの皮や実の繊維。

※54　**ほかに本も出した**
『島耕作の農業論』（光文社新書）。

※55　**『冬のソナタ』**
2002年に韓国で放送された連続テレビドラマ。その後、日本でも放送されると爆発的なブームを巻き起こし、〝韓流ブーム〟の火付け役となった。

地元に多少なりとも経済効果を与えています。だから、「ウチでロケしてください」ともっとアピールするのは面白いと思いますね。
石破 『アイリス』[56] のスピンオフドラマ『アテナ』[57] のロケ地は鳥取だったんだけど、あんまり人が来てなかった気がするなあ（笑）。

漫画やアニメの持つ訴求力で地方活性化が起こっている

石破 先生、ドラマもそうだけど、**アニメの持つ力も忘れてはいけません**。『らき☆すた』[58]とか、『たまゆら』[59]といった「ご当地アニメ」の影響による〝聖地巡礼〟が話題になりましたが、今、静岡県の沼津にいろんな人が来るようになっています。なぜかというと、**『ラブライブ！サンシャイン!!』[60]というアニメが大人気だから**なんですよ。
弘兼 う～ん、知らないな（笑）。それは沼津が舞台なんですか。
石破 先生は本職なのに！
弘兼 ちょっと落ち着いて（笑）。どんなストーリーなんですか？

※56 **秋田県の地域** たざわ湖スキー場（仙北市）など、3週間にわたり秋田県内でロケが行われた。

※57 **『アイリス』** 2009年に韓国で放送されたイ・ビョンホン主演のテレビドラマ。日本でも放送され、熱狂的な支持を得た。

※58 **『らき☆すた』** 美水かがみによる4コマ漫画作品、およびそれを原作としたゲーム、アニメ、小説作品。

※59 **『たまゆら』** 日本のアニメ作品。原案・監督は佐藤順一。

石破　沼津の女子校が舞台なんです。学校が統廃合の危機に瀕していたところ、「このままじゃダメだ！」という意識に目覚めた女子高生たちが学校を再生するって話なんですけど、そのテレビアニメをやったら、沼津にドッと人が来るようになったんですって。例えば作中に出てくるパン屋さんなどにお客が殺到したりしてるんです。

弘兼　そういうもんなんでしょうね。だって石破さんのところの境港市《さかいみなと》にもゲゲゲの鬼太郎のブロンズ像がある[※61]し、空港の名前も「鬼太郎空港」という名前がついてましたよね。

石破　はい、「米子鬼太郎空港[※62]」です。ちょっと変ですけどね。

弘兼　鬼太郎空港って変だわな（笑）。

石破　で、鳥取空港が「鳥取砂丘コナン空港[※63]」。

弘兼　「コナン空港」って、どこの国だか（笑）。あと「富山きときと空港」って、あれはいったいなんなの（笑）。

石破　まだ「富山きときと空港[※64]」のほうがいいような。

弘兼　あと、「おいしい山形空港[※65]」っていうのはなんだ（笑）。「高知龍馬空

※60 **『ラブライブ！サンシャイン!!』**
学校で結成された架空のアイドルグループの奮闘と成長を描く日本のメディアミックス作品群。アスキー・メディアワークス、ランティス、サンライズの3社によるプロジェクト『ラブライブ！』の一作品。

※61 **境港市にもゲゲゲの鬼太郎のブロンズ像がある**
鳥取県境港市の水木しげるロードに、ゲゲゲの鬼太郎のブロンズ像がある。

※62 **米子鬼太郎空港**
鳥取県境港市、米子市にある米子空港の愛称。

※63 **鳥取砂丘コナン空港**
鳥取県鳥取市にある鳥取空港の愛称。

港[※66]」などはまだわかるけど。「徳島阿波おどり空港[※67]」もあるし、僕の地元は「岩国錦帯橋《きんたいきょう》空港[※68]」というんだけどね。集客につながってるのかな。

石破 どうなんでしょう。名前はともかく、『ラブライブ！サンシャイン!!』のおかげで、新幹線が通っていない沼津に今すごい人が来ているそうです。また、茨城県の大洗《おおあらい》という町は『ガールズ&パンツァー[※69]』効果でやたらめったら人が来るわけですね。

弘兼 それも知らないですけど、なんですか？

石破 先生（笑）。女子高生が戦車を操って競うという、かわいい女の子たちのアニメです。

弘兼 ワケわかんないですけど（笑）。もしかしたら萌え系ですか。

石破 **萌え系です**。

弘兼 あー、アキバ系か。

石破 学園同士が戦車競技で戦うみたいな内容です。

弘兼 ああ、何かで見たことあるな！　戦車の中に女の子たちが乗って。

石破 そうそう。そのアニメの舞台が大洗で、山ほど人が来るわけです。

※64 **富山きときと空港**
富山県富山市にある富山空港の愛称。「きときと」には「新鮮」「生きがい」などの意味がある。

※65 **おいしい山形空港**
山形県東根市にある山形空港の愛称。

※66 **高知龍馬空港**
高知県南国市にある高知空港の愛称。

※67 **徳島阿波おどり空港**
徳島県板野郡にある徳島飛行場（徳島空港）の愛称。

※68 **岩国錦帯橋空港**
山口県岩国市にある岩国飛行場（岩国空港）の愛称。

そういう実績もあって、漫画やアニメの世界ってすごいなと感じてますよ。

弘兼　そういう発信力のある漫画を描ける人を県が若い時から育成する時代になるのかな（笑）。

石破　それも面白いですね！　今、『四十七《しじゅうしち》大戦』[※70]という漫画が、これまたウケているらしいんですね。

弘兼　僕が一番知らないですね、本職ですけど（笑）。

石破　これは47都道府県にいるそれぞれの神様同士が、日本の首都の座を懸けて争うというストーリーで、最後は鳥取県が首都になるんですよ。

弘兼　え、なんで？　描いている人、鳥取県出身なんですか？

石破　いや、それはわからないんですけど（笑）。

弘兼　どうして鳥取県なんですかね。

石破　どうしてなんでしょう。でも最初に「日本政府は先ほど、日本の首都が鳥取県になることを発表しました」というニュースからスタートして、そこから振り返る形で始まっていくんです。

弘兼　なぜ鳥取県が勝ち抜いたかを描いていくんですね。

※69『**ガールズ＆パンツァー**』テレビアニメ。戦車戦の全国大会で優勝を目指す女子高生たちの奮闘を描く。

※70『**四十七大戦**』一二三による漫画。『コミックアース・スター』（アース・スター エンターテイメント）にて、２０１６年９月７日より連載中。

石破 そうなんです。で、まずは島根を併合し、山口が併合され……。

弘兼 ああ、山口県がやられるんだ（笑）。

石破 まさかの岡山と広島が併合されて、中国地方が一体となって統一を目指していくんです。

弘兼 戦国時代の毛利みたいだ（笑）。

石破 それぞれの県の神様、「ゆる神様」がケガをすると人口が流出しちゃうんです。そして、ゆる神様が戦闘停止になると、人口が全部相手のゆる神様に移っちゃう。勝ち抜きトーナメントみたいなものですね。

弘兼 すごい設定だ。

石破 そういう漫画がまたウケるわけですよ。だから、上京してきた人たちの人間模様を描いた弘兼先生の時代とはまた違った形で、『ラブライブ！サンシャイン!!』、『ガールズ＆パンツァー』、『四十七大戦』など、〝地方〟や〝田舎〟をテーマにした漫画やアニメが意外にも若い世代にウケているんです。**漫画やアニメの持つ訴求力というのは、衰えるどころかどんどん増している**気がしますね。

弘兼　うん、これは世界に対しても広がっていますね。欧米をはじめ、世界各国では日本の漫画の位置づけは相当に高いですからね。

石破　政治にはとてもまねできない影響力です。

夜の銀座に勤めたのは『課長　島耕作』を読んだから

弘兼　さっきも言いましたが、僕ね、キューバに取材で行った時、日本のアニメが好きだという女の子に会いましたもん。キューバは医療がすごく発達しているということで、キューバの民間のお医者さんの家に取材に行ったのですが、そこにいた女の子が部屋を見せてくれたんですが、日本の漫画とコスプレ衣裳が飾ってましたからね。キューバにですよ。

石破　キューバでねぇ。

弘兼　キューバで日本の漫画やアニメのコスプレをやってるわけだから、すごいなと思いましたね。

石破　そうそう、影響力という意味では、やっぱり『加治隆介の議』がなければ今の私はないと思うくらい、大きなものがあります。老若男女、関係ないですから。あ、とある銀座のクラブの女の子が、「私がなんで銀座に勤めるようになったかっていうと、『課長 島耕作』を読んだから」って言ってたらしいですよ。

弘兼 紹介してください、その子（笑）。

石破 聞いておきます（笑）。

弘兼 石破さんに褒められるより嬉しいな（笑）。

石破 「『課長 島耕作』で『クレオパトラ』[※71]の典子ママ[※72]を見て、私、銀座に勤めようと思ったの」と。そう考えると、その人も私も、ある意味において、弘兼先生なくしては成り立たなかった部分があるわけです。

弘兼 そんな大げさな（笑）。

石破 いやいや、決して大げさではないですよ。しかも、『加治隆介の議』のように人に夢を与えるものもあれば、最近のアニメのように地方活性化に寄与するものまで、素晴らしい力がありますよね。

弘兼 そう言ってもらえればありがたいです。

※71 **クレオパトラ**
馬島典子がホステスとして勤務していた銀座にあるスナックの店名。

※72 **典子ママ**
馬島典子。『課長 島耕作』から登場している銀座のスナック「クレオパトラ」のホステス。島耕作と男女の仲だった時期がある。太い人脈を持ち、肝っ玉も据わっていて、島耕作のサラリーマン人生に大きな影響を与えた。決まり文句は「私は銀座の女よ」。

石破　『島耕作』といえば、けっこうシリーズ出していますよね。
弘兼　そうですね。え〜、課長、部長、取締役、常務、専務、社長、そして会長、で、ヤング、主任、係長、学生かな。
石破　部長編になると、クラブ「クレオパトラ」は出てこない。
弘兼　もう、出てこないですね。よう覚えてますね(笑)。驚いちゃいます。いやいや。典子ママのモデルになった人は銀座のママだったんですが、残念ながら、もう亡くなってしまいましたね。
石破　え、そうなんですか。『島耕作』シリーズを語る上で欠かすことができないキャラでしたから、一度、お顔を拝見してみたかったです。

『島耕作』から見えてくるグローバル社会の問題点

石破　その島耕作もいよいよ古希《こき》、70歳ですか。
弘兼　そうなんですよ。会長職は法律的には100歳までやっても別に構わないんですけども、あとは僕がいつまで書けるかだけですね。僕が書けなくなったら終わりです。

石破 いや、まだ『相談役 島耕作』があるでしょう。

弘兼 『老後 島耕作』も『病院 島耕作』もあります（笑）。ヨボヨボになっても、フィリピンから来た看護師さんと仲良くなったりね（笑）。

石破 『老人ホーム 島耕作』もできますか。

弘兼 そういう意味では『島耕作』って、冠を変えりゃいくらでもできるんだよね（笑）。こんなこと言っていいのかあれだけど。

石破 『島耕作』という作品は、企業の国際的な活動から日本国内の問題がいろいろ見えて来て非常に勉強になるんですが、真面目な話、これからどう展開していくんですか。

弘兼 とりあえずキューバを取り扱った後は、もう一回農業・漁業問題に立ち返りたいと考えています。第3章でも「専守防衛とは籠城だ」という話がありましたけど、逆の立場から見れば、日本は兵糧攻めをされたらイチコロですからね。食料自給率は、算定の仕方がいろいろあるんですけども、せいぜい40～60%くらいですよね。そう考えると、当然限りなく10

0%に近くなるように努力をしなければいけないので、やっぱり農業・漁業に注目せざるを得ません。

石破　非常に興味深いテーマですね。

弘兼　ただし、漁業に関しては、日本はまだ自然の資源を獲ってるだけなんです。そうではなくて、産卵、孵化《ふか》から手がける完全養殖もして、自然の資源を減らさないようにする努力も必要でしょう。近畿大学の研究[※73]によってマグロがやっと完全養殖に成功したんですが、すべての魚でもそうやっていくべきだと思います。大切なのは未来ですから。

石破　近大マグロの話も漫画の中で詳しく取り上げられていますね。

弘兼　はい。ただ、現場を取材してみると、マグロの養殖は非常に難しいんですよね。かなりの数が途中で死んでしまうので、単価がなかなか安くなりません。結果として、天然マグロと近大マグロって市場での値段があまり変わらなくなっちゃうんです。

石破　出荷できる大きさに育てるまでにすごいお金と多くの時間がかかっちゃうんですね。

※73　**近畿大学の研究**
1970年から近畿大学水産研究所がマグロの養殖の研究を開始。2002年6月に養殖施設で人工孵化させる完全養殖に成功した。

弘兼 そうです。今度は五島《ごとう》列島[※74]に取材に行ってきますけど、そこで近大は豊田通商[※75]と提携して、完全養殖マグロの大量生産を始めているんですよ。五島列島にある生けすで卵から体長30センチくらいのマグロの幼魚「ヨコワ」にまで育てて、養殖業者に販売しているんです。

石破 五島列島が基点なんですね。こういうのも、地方発でどんどんやっていければいいと思います。

弘兼 そうですね。今、日本は海外から食料を買ってくることができますが、天変地異や異常気象で作物が採れなくなったら、金を払っても売ってくれなくなる可能性はあります。今まで輸出していた国が輸出しなくなったら日本の食糧事情はアウトですから、**自給するパワーは当然必要です**。

石破 どのようなやり方がベストなのかはわかりませんが、漁業の資源管理においては科学的な思考を導入する必要がありますね。それにプラスして、養殖に力を入れていく必要があるでしょう。

弘兼 養殖は天然よりも劣るなんてイメージはもうないでしょうしね。

石破 そう思っている人もまだまだ多いと思いますが、養殖のマグロ、美

※74 **五島列島**
長崎港から西に100kmに位置し、北東側から南西側に80kmにわたって大小あわせて140あまりの島々が連なる九州の最西端の列島。

※75 **豊田通商**
愛知県名古屋市と東京都港区に本社があるトヨタグループ唯一の総合商社。自動車、金属、機械に限らず、石油、プラントから食品、保険まで幅広く取り扱っている。

味しいですよね。ブリだって鹿児島県東町《あずまちょう》漁協の「鰤王《ぶりおう》」なんて本当に美味しい。養殖は品質も安定させやすいから、むしろブランド化に向いていると思います。漁業に関して明るいニュースは、**近年じわじわと若者の就業が増えてきている**ことです。サラリーマンとして時間に縛られて働かされたり、一日閉じこもっているのは嫌だ、自分のペースや自然の中で働きたいと考える世代が働く世代になってきたからかもしれません。**第一次産業にはまだまだのびしろがある**ので、いいデータであることには違いありません。

弘兼　先生が考える第一次産業ののびしろってなんですか？

石破　今まで第一次産業において、マーケティングという観点が抜けていたことは否めません。また「生産性の向上」の視点を持たずに来てしまった感もあります。すなわち逆説的に、これまでになかった視点を取り込むことで、まだまだ成長する余地があるということは第一次産業全般に言えるのではないでしょうか。

弘兼　たしかに、日本ほど恵まれた国もそうはありませんよね。土が豊かで、春夏秋冬と四季があり、温暖差もあり、日照量も十分で。しかも魚を獲れる排他的経済水域[※76]も広いですもんね。

石破 その広さは世界第6位[※77]、体積では世界第4位なんですね。幸い、第一次産業に対する関心は高まっていて、各地で新規参入者や新たな取り組みが多く見られています。とてもいい傾向です。第一次産業に従事する若い人たちが新しいビジネスモデルを確立していけば、雇用も移住ももっと増えるだろうと期待しています。

弘兼 僕らの世代とは違って女の子にモテたいとも思ってないし、ネットでいくらでもつながっていられるので、生物・自然が相手の不安定な仕事でも、ガチガチの人間関係に縛られるよりも魅力的だと思っているのかもしれませんね。

石破 そうですね。既存の農業高校、水産高校などももっとダイレクトな職業教育に振っていっていいと思いますし、今議員連盟を作っていろいろ意見交換しているところなんです。あと地元の高齢者の経験を活用して、一次産業に従事する若者の育成を考えていくことも重要になってくるでし

※76 **排他的経済水域**
国連海洋法条約に基づいて制定される漁業資源や鉱物資源などの天然資源を開発、管理、探査できる領域のこと。沿岸国は自国の基線（海岸）から200海里の範囲内に水域を設定することができる。

※77 **世界第6位**
日本の国土面積こそ約38万㎢で世界61位だが、領海と排他的経済水域の合計は447万㎢で、米国、オーストラリア、インドネシア、ニュージーランド、カナダに次いで世界6位に位置する。また、日本周辺には深い海が多く、EEZ内の海水の体積で比べると世界4位という計算もある。

ょう。就業にせよ起業にせよ、一次産業においては政府が後押しできる領域もかなりあると思います。

弘兼　育成の際には、資源が枯渇《こかつ》したら自分たちの首を絞めるようなものってこともしっかり教えてほしいですね。

石破　そのとおりですね。養殖もそうですし、ここでも持続可能性が重要だと思っています。

第5章

地方から革命を起こして日本を元気に!

『加治隆介の議』の続編はあるのか？

石破　最後の章は「日本を元気に！」をテーマに語りたいのですが、先生にお聞きしたいことがありましてね。『加治隆介の議』は連載が終わって20年近く経ちますが、続編の構想はないんでしょうか。最後は総理になったばかりのところで終わっているので。[※1]

弘兼　まぁ、加治隆介はまだ死んではいないけど……。

石破　え、死ぬんですか⁉

弘兼　いやいや、まだ。息子が防衛副大臣になったところだし。

石破　期待している人は多いですよ。でも実は私にとってはね、『加治隆介の議』は一ノ関鮎美《いちのせきあゆみ》[※2]が死んだところで終わりなんですよ。[※3]

弘兼　あそこか。それにしてもフルネームでよく覚えてますね。「鮎美」は覚えてるけど、名字は忘れてました（笑）。

石破　しっかりしてよ、先生。作者なんだから（笑）。私は鮎美が死んで

※1　**最後は総理になったばかりのところ**
激動する日本政治の中で、隆介はさまざまな試練に真っ向から対峙し、それを乗り越え、内閣総理大臣に就任した。コミックでは最終20巻にあたる。

※2　**一ノ関鮎美**
『加治隆介の議』の主人公・加治隆介の愛人だが、ふたりは肉体関係以上に深い信頼関係にある。コミック1巻より登場し、加治隆介を力強く支えた。

終わりだと思って読んだね、最終回を。そして最後、一ノ関鮎美が死んで亡霊みたいな形で正面玄関に登場して、「隆介さん、すばらしい演説だったわ。がんばって下さい」と声をかけて。

弘兼 うん、最後のシーンね。隆介も涙ぐんでね。

石破 そこで終わるんですよ。

弘兼 純愛の物語だな。

石破 そうです、ふたりの純愛物語。だから、一ノ関鮎美がいなくなったら、もう『加治隆介』は終わりなんです。

弘兼 まぁそのとおりですね。加治隆介、奥さんとはあまり上手くいってないですから。

石破 え、いい奥さんじゃないですか。

弘兼 いい奥さんなんですけど、途中でいろいろあったから。だから、この話はこれ以上発展しようがないんだよね。まぁ防衛副大臣になった息子の加治**カズユキ**くんの活躍に期待しましょう。

石破 **先生、カズアキです!**

※3 **死んだところ**
加治隆介が総理大臣に就任する姿を見届けることなく、鮎美は白血病で急死してしまう。

弘兼　あ、カズアキか。ごめん（笑）。

財界の論理と政治の論理というのは違う

弘兼　そういえば、数年前に、「首相になってほしいマンガのキャラクター」というアンケート[※4]で「島耕作」がぶっちぎりの1位になっていて驚いたことがあります。石破さんも「首相になってほしい政治家」のアンケート[※5]で必ず上位に入っていますよね。

石破　ありがたいことですが、首相になることが目的ではなくて、**首相になって何をやるかのほうが大切**です。

弘兼　そうですよね。『総理　島耕作』か、何をやろうかな。でも、とりあえず衆議院議員に当選しなきゃいけないね（笑）。

石破　私は島耕作が総理になってもいいと思いますよ。

弘兼　島耕作で大丈夫ですか⁉

石破　ただね、財界で成功されて政治家になってもなお成功した人ってそ

※4 **「首相になってほしいマンガのキャラクター」というアンケート**
2012年、電子書籍販売サイト「eBookJapan」会員アンケートより。

※5 **「首相になってほしい政治家」のアンケート**
2015年、朝日新聞の「次の首相にふさわしい人」調査結果では1位、2016年、時事通信の「次期首相にふさわしい政治家」世論調査では3位。

んなにはいないのよ。

弘兼 そうそう、そうなんですよね。

石破 昔、藤山愛一郎《ふじやまあいいちろう》さん[※6]っていう人がいて、日本商工会議所の会頭から戦後に外務大臣、経済企画庁長官まで務めたんですがね。

弘兼 いましたね。慶應出身ですよね。

石破 そうです。彼は政治家になって、当初は〝絹のハンカチ〟ともてはやされましたが、結局は〝ボロ雑巾〟になったと言われたんです。やっぱり、財界の論理と政治の論理というのは違うんですかね。

弘兼 違うんだねぇ。

石破 その後も経団連の出身の人が参議院の比例区で組織の力で当選したりすると、一回は大臣をやってもそれで終わりという人が多かった。だから、あの島耕作だって『総理 島耕作』になったら、上手くいくとは限らない。

弘兼 島耕作でも上手くいくとは限らないか。財界から大臣に……あ、トランプがそうですよね。財界というか、不動産屋[※7]ですけども。今の論理で

※6 **藤山愛一郎**
1897年生まれ、東京都出身。政治家、実業家。外務大臣、経済企画庁長官、日本商工会議所会頭、自民党総務会長などを歴任した。1985年（満87歳）没。

※7 **不動産屋**
不動産会社トランプ・オーガナイゼーションの会長兼社長を務めた。父のフレッド・トランプも有名な不動産開発業者。自らの名前を冠した不動産「トランプ・タワー」など、オフィスビル開発や、ホテル・カジノ経営で名を馳せる。1980年代より〝アメリカの不動産王〟と呼ばれた。

いけば、トランプが上手くいくかどうかはわからないですね。そうか、経営者から政治家は難しいか……。でも、どうしてなんですかね。信念や理念ということよりも、トランプがまさにそうですけども、先に自国の利益を優先してしまうと、隅々まで政治の目が届かなくなるということなんですかね、視点的に。

石破 世界で考えれば、財界で成功して大統領や首相になる人は多いですよね。でも日本では、財界で成功しても当選一回生は当選一回生という扱いだから。これからはそういう人も増えていくのかもしれません。アメリカ大統領といえば、1963年、私が小学校1年生の時、最初の宇宙衛星中継[※8]はケネディ暗殺[※9]だったんです。

弘兼 ほー、そうなんですか。

石破 はい。鮮明に覚えています。初の日米宇宙衛星中継はケネディ大統領が「おめでとう」と言うはずが、「今日、急な暗殺事件が入りました」って速報が流れてきて。

弘兼 あ、そうだ、そうだ。僕も思い出した。

※8 **最初の宇宙衛星中継**
1963年11月23日、太平洋上を周回する通信衛星「リレー1号」を使って、日米間初の衛星テレビ伝送実験が行われた。

※9 **ケネディ暗殺**
1963年11月22日の12時30分（現地時間）にテキサス州を遊説中であった第35代アメリカ合衆国大統領ジョン・F・ケネディがダラス市内のパレード中に銃撃され死亡した事件。11月23日早朝、世界の放送史上画期的な太平洋を越えたテレビの宇宙中継が行われ、午前5時28分、モニターテレビに史上初めて太平洋を越えてきた映像が映し出された。ところが、この歴史的な電波から送られてきたのは、ケネディ大統領暗殺の悲報となってしまった。

石破 バラク・オバマ大統領[※10]までは〝アメリカの理想〟を語る大統領が主流だったと思うんです。私ね、けっこう注意深くドナルド・トランプの就任演説を聞いたんですけど、〝アメリカの理想〟という言葉、ひとことも出てこなかった。

弘兼 経済立て直しオンリーですもんね。

石破 はい。だから、アメリカという国は変わったなって思いましたね。

弘兼 アメリカは理想を失ったと。「エコノミー・ファースト」ではやっぱり政治家にはなりきれないということですか。

石破 でも、多くのアメリカ国民が今回それを望んだわけですから。結果、アメリカの大統領は何をしでかすかわからないという状況になりました。そして、北朝鮮の金正恩《キムジョンウン》[※11]なる者はもっと何をするかわからない。

弘兼 本当に何をしたいんだかわからないですね。あちこちに喧嘩を売って、ミサイルを飛ばしまくって。

石破 だから、何か歴史の激動期に入ったなという感じが私にはあるんですけれども。

※10 **バラク・オバマ**
第44代アメリカ合衆国大統領。1961年、ハワイ州ホノルル生まれ。「国際的な核兵器禁止を目指す」と発言したり、2016年5月27日には現職の大統領として原子爆弾が投下された広島を訪問したりした。2009年10月には現職アメリカ合衆国大統領としてノーベル平和賞を受賞した。

※11 **金正恩**
朝鮮民主主義人民共和国第3代最高指導者。1984年生まれ。父の金正日（キム・ジョンイル）の死後、権力を継承した。核実験継続の宣言や、ミサイル実験を繰り返すなど、アジア地域の平和情勢に不安定さをもたらしているとされる。

弘兼　ロシアのプーチン[※12]大統領もおかしいしね。
石破　そうであればこそ、主権国家の基本的なスタンスとして「集団的自衛権というのは当たり前だよな」と思っているんです。
弘兼　僕もまったく同意見です。集団的自衛権や憲法改正については、この本の続編があればぜひ語り合いたいですね。
石破　私も『総理　島耕作』を期待しています。視野が広くて国際経験も豊かな島耕作は今の時代のリーダーとしてピッタリかもしれません。
弘兼　その言葉、島耕作も喜ぶと思います。

強い影響を受けている、戦争を描いた『おそ松くん』

石破　『島耕作』をビジネスマンはビジネスマンとして読んでるんだろうし、我々政治家は政治家として読んでるわけです。でも、それでそれぞれの人生が影響し合い、世の中を変えられていくと思うと、これは意味のあることですよね。だから、漫画家の先生というのは、政治家以上に世の中を変

※12 **プーチン**
ウラジーミル・ウラジーミロヴィチ・プーチン。第2、4代のロシア連邦大統領。第5、9代の同国首相。1952年生まれ。プーチン政権下でロシア経済は危機を脱して大きく成長し、ロシア国民からは高い支持と評価を受けているとされる。一方、2014年にウクライナ南部のクリミア自治共和国に侵攻・実効支配するなど、各国から強い非難や制裁を受けている。

※13 **『サブマリン707』**
漫画家の小澤さとるが『週刊少年サンデー』に1963年に連載を開始した海洋冒険漫画。太平洋で起こる怪事件に海上自衛隊の潜水艦が立ち向かう名作。

えられるのかもしれません。

弘兼 影響力という意味では、そう言う人もいますよね。

石破 私たちの世代で若い頃に影響を受けた漫画だと、やっぱり『サブマリン707』[※13]だな、小澤《おざわ》さとる[※14]先生の。

弘兼 小澤さとる! そこまで知ってるんですか。

石破 いや、私、今でも手紙のやり取りありますよ。

弘兼 ええーそうですか。小澤先生は手塚治虫先生のところの……手塚プロにいた方ですよね。

石破 はい、そうです。

弘兼 そうかぁ。小澤さとる先生を知ってる人、少ないですよ。もうかなりの高齢ですよね。

石破 もう80歳は超えられたと思います。

弘兼 そうですよね。しかし、まさか小澤先生のお名前が出てくるとは。

石破 「日本のかじ取り頑張れ」などと書いた手紙をいただきます。私たちは小澤さとるに惚れた世代であり、同時に赤塚不二夫[※15]さんの『おそ松く

※14 **小澤さとる**
漫画家。1936年生まれ、埼玉県出身。代表作に潜水艦漫画『サブマリン707』、アニメ化された『青の6号』などがある。

※15 **赤塚不二夫**
漫画家。1935年生まれ、満州出身。代表作に『おそ松くん』『ひみつのアッコちゃん』『天才バカボン』などがある。トキワ荘で腕を磨いたひとり。〝ギャグ漫画の王様〟と謳われ、戦後ギャグ漫画史の礎を築いた。

ん』[※16]に影響を受けた世代なんです。『おそ松くん』はナンセンス漫画そのものだったのですが、一回だけ……たしか『月刊少年サンデー』に掲載された回だったと思いますけど、戦争を取り扱った話があったことを鮮明に覚えています。

弘兼 そうなの？　それは非常に珍しいですね。

石破 はい。おなじみの六つ子とかトト子ちゃん、チビ太、イヤミ、レレレのおじさんなどが楽しく暮らしている街があるんですけど、そこが戦争で徹底的に破壊されるんです。六つ子もみんな死ぬし、トト子ちゃんも死ぬし、チビ太も死んじゃう。「なんなんだ、戦争って？」と問いかける場面をすっごく鮮明に覚えていますね。

弘兼 うわ〜その喪失感たるや、すごいですね。

石破 一回だけあったんですよ、それ。

弘兼 それはショックですね。自分たちのアイドルみたいなキャラクターが全部死ぬということは、子どもにとっては相当強烈な印象に残りますね。

石破 すっごい強烈でした。

※16 **『おそ松くん』** 赤塚不二夫とフジオ・プロによる作品。『天才バカボン』以前に描かれた作品で、赤塚のギャグ漫画家としての確固たる人気を確立した。

弘兼 それで戦争はいかんと。

石破 はい。私、ブログ※17でこのことを一回書いたら、「俺もそう思ってた!」という返事がけっこうきました。

弘兼 は〜、そうですか。みんなの記憶に根深く残っていたんだ。

石破 はい。私ね、理想的、空想的平和論に対してはすごく遠い遠い人間なんですけど、一方で頭の片隅に『おそ松くん』のその回のことがすごく残っているんですよ。**「やっぱり戦争は恐ろしい」**というのが。

弘兼 いや、そうですよね。だから僕ら……石破さんもそうですけど、「集団的自衛権」という言葉を持ち出すと、「なんだ、お前は戦争したいのか」と受け取ってしまう人がどれほど世の中に多いことか。

石破 本当に多いですね。戦争なんか誰もしたくありません。だからこそ、「日本国を守るため」「平和を守るため」「家族の命を守るため」に、国家が現実的な対応を尽くすべきなのです。

※17 **ブログ**
石破茂オフィシャルブログ「建て直す。日本を、地域を、自民党を!」。

地方創生とは一種の「革命」である

弘兼　「戦争を避けるために集団的自衛権がある」ということが理解されないんですよ。なんで、ああなっちゃうのかね。

石破　そこは、私たち政治家がどんなに言葉を尽くしても、一回の漫画に勝てないところではあるんです。

弘兼　そうですかねえ。伝わっていたら嬉しいですけど。

石破　例えば、『加治隆介の議』の最後は、首相になった加治隆介が所信表明演説をするところで終わりますよね。そこで総理になった加治隆介が「集団的自衛権は必要だよ」とちゃんと国民に訴える[※18]のを、高校生の息子がおウチのテレビで見てる。

弘兼　そうそう。え～と……カズアキくんね（笑）。

石破　皆さんにもぜひ読んでほしいのですが、この加治総理の演説というのは本当に正論だと思いますね。**戦争をするために集団的自衛権が必要な**

※18 **ちゃんと国民に訴える**　首相就任演説で、世界平和のための集団的自衛権や憲法改正の必要性を訴えた。

のではなく、戦争をしないために集団的自衛権が必要なのだと、ちゃんと訴えてますから。

弘兼　そうです、そうです。えっと、本を見てみると「日本は行使することの出来ない『集団的自衛権』を見直す時ではないでしょうか」と。憲法改正も視野に入れなければ……とも書いていますね。

石破　まぁ『加治隆介』は、一ノ関鮎美が死んだんだからそこで終わり、もうこれ以上進めようがないんですけど(笑)。ここから先はぜひ『島耕作』で、集団的自衛権のほかにも地方創生や少子化・高齢化などをテーマにして描いてもらいたいです。私ね、そういう意味では漫画で世の中、変えられると思う。もちろん、私たち政治家も一生懸命訴えていきますけど、**訴求力のある漫画で、世界を、世の中を変えていってほしい**ですね。

弘兼　でもね、消費税を上げるとか、集団的自衛権を行使できるとか、憲法改正だとか、本当は言いたくないこと、耳が痛いことでも、加治隆介のように、政治家は言っていかないとダメですよ。「これを言うと選挙に負けるから」という理由で言わないようにするというのは、政治家としては残念だなと思います。自分の政治家生命を懸けて、**ここで政治家生命が終わってもいいから自分の理念を通すべき**だという気がします。国民も石破さんに期待しているのは、そういうところでしょ。

石破 そうだといいのですが。

弘兼 そうですよ。だから、石破さんみたいな重職をやられた方が「地方創生大臣」なんて、ちょっと軽いんじゃないかなと最初は思ったんですよ。でも、今回の対談を通じていかに「地方創生」が日本の未来にとって大事かというのがよくわかりました。これからの日本というのは地方創生をテーマにやっていかなければいけない。防衛大臣や農林水産大臣よりも実は重要なポストだった可能性がありますよね。

石破 うん、そうですね。私は「集団的自衛権を認める」ということは政治家として必ず成し遂げたいと思ってきましたけど、**「地方創生」による「日本創生」も重要な課題となりました**。

弘兼 **「地方創生」ニアリーイコール「日本復活」**ですよね。

石破 そうです、そうです。

弘兼　「地方分権」という言い方を長いこととしていましたけど、やっぱりインパクトは違いますね、「地方創生」という言葉は。

石破　そうですよ。だって、**地方創生とは「革命」ですから**。

弘兼　お、革命ですか!

石破　「革命」は常に地方から起こるんですよ。いつの時代も革命が都から起こったことなんかないんです。私ね、よく言っているんですが、**地方が甦ることなくして、日本が甦ることなんてない**。すなわち、本気で日本を甦らせるためには、新しい動きを地方から起こさなくてはならないし、**地方から革命を起こさずして、日本が変わることは絶対にない**のです。

弘兼　そうか、まさに幕末がそうだ。明治維新※19は江戸幕府によってではなく、地方の志士たちがなし得た革命ですよね。

石破　まさにそうです。繰り返しますが、**国の形を変えるのは常に地方から**だったんです。つまり、今の日本においても、地方から国を変えていくというのは、決して現実味のない話ではありません。

弘兼　「尊皇攘夷《そんのうじょうい》」※20という思想が正しいかどうかは別にして、地方から時

※19 **明治維新**
江戸幕府に対する倒幕運動から、明治政府による天皇親政体制の転換とそれに伴う一連の改革を指す。短期間で立憲制度を達成し、富国強兵が推進された。その評価は日清戦争と日露戦争における勝利により高まり、諸外国からも「欧米諸国に肩を並べた」とまで評された。

※20 **尊皇攘夷**
君主（天皇）を尊び、外敵（諸外国）を斥（しりぞ）けようとする思想。江戸時代末期（幕末）の水戸学や国学に影響を受け、維新期に昂揚した政治スローガンを指す。一部で過激化した。

代を変えたのは事実だもんね。

石破　ですから私は、「地方創生とは何か?」と聞かれたら、**「明治以来連綿と続いてきた、中央と地方との関係を根底から変えるものであるべきだ」**とお話ししています。

明治維新から150年〜今ぞ改革の時!

石破　明治維新といえば、来年はちょうど明治150年なんですよ。

弘兼　へぇ、そうなんですか。

石破　日本人というのは、**50年に一回国を作り変えてきました**。1868年に始まる明治維新から、廃藩置県《はいはんちけん》※21、日清戦争※22、日露戦争※23、富国強兵※24、そして1918年に終わる第一次世界大戦まで、一応日本が勝ったと言われているこの大戦で最初の50年が終わります。次の50年は戦争の歴史で、その後の高度経済成長もありました。そして、日本のGDP——当時はGNP※25と言っていましたが、GNPすなわち国民総生産が世界第2位になったの

※21 **廃藩置県**
明治維新期の1871年に、明治政府がそれまでの藩を廃止して地方統治を中央管下の府・県に一元化した行政改革。

※22 **日清戦争**
1894年7月から1895年3月にかけて行われた日本と清国の戦争。主に李氏朝鮮下の朝鮮半島をめぐる争いとされる。日清講和条約を結ばせた日本が戦勝国との位置づけだが、日本軍の被害も大きかった。

が1968年、ちょうど明治100年にあたります。

弘兼 へぇ～そうなんだ。68年というと、メキシコ五輪の時ですね。

石破 そうです、そうです。そして、来年でそこからまた50年が過ぎるわけですよ。だけど、この50年の間に日本は国を作り変えきっていないと思うんです。だからこそ、残されたわずかの時間の間になんとか間に合わせたいなと思うけど、政治の刷新力・訴求力なんて、広く正しくは伝わらないから、どうしても限られたものになってしまいます。でも、漫画の世界ってなんにも邪魔されないですよね。

弘兼 そうですね、たしかに邪魔されないです。だから、漫画でも地方創生を積極的にテーマに取り入れていますよ。『会長 島耕作』でも、さっき言ったドローンの活用も描いていますしね。

石破 漫画の、そして弘兼先生の持つ訴求力には期待していますので、よろしくお願いします。ぜひ「地方創生」、そして「少子化・〝超〟高齢化」の解決に、これまで以上に力を貸してください。

弘兼 いやいや、こちらこそよろしくお願いします。でも、現実世界で社

※23 **日露戦争**
1904年2月から1905年9月にかけて行われた大日本帝国とロシア帝国の戦争。ロシア主権下の満洲南部、朝鮮半島、日本海を主戦場として行われた。1905年9月5日に締結されたポーツマス条約により講和した。

※24 **富国強兵**
国を富ませ、軍事力を大きくして、国の勢力を強めること。明治政府は中心的課題を表す言葉として「富国強兵」をスローガンに掲げ、資本主義化＝富国と、それに基づく近代的軍事力の創設・増強を目指した。

会を変えていくのは、石破さんの仕事ですから。

石破　ありがとうございます、もう少し頑張ります。でも、弘兼先生の場合、ファンがいっぱいいて、「弘兼憲史はけしからん」なんて言う人はほとんどいないからいいですけど、私の場合、すぐに批判が殺到しちゃうから。

弘兼　いやいや、それが炎上するんですよ。例えば、「大事な会議があるのに、娘の誕生日だからって会社を休む男についてどう思うか」とある取材で聞かれて、「そんなヤツはダメだ」って答えたら大炎上しましたよ。「お前は社畜か！」とか言われて。

石破　えー（笑）。

弘兼　ダメに決まってますよね、娘の誕生日でね。でもね、それ言うと、怒る人もいるんで怖いです。

石破　私、サラリーマンだった時に、終電以外で帰ったことがないっていうのが今でも誇りですから。

弘兼　それは今なら完全に「ブラック企業で働いてた社畜」って言われま

※25 **GNP**
国民総生産の意味。ある一定期間にある国民によって新しく生産された財（商品）やサービスの付加価値の総計のこと。かつて国内では国の経済規模を比較するため頻繁に利用されたが、1993年頃から代表的指標として国内総生産（GDP）が使われるようになった。

すよ（笑）。

石破 でも、その時代が一番楽しかったな。

弘兼 そうなんですよね。僕らの世代は残業100時間って普通でしたもん。今は完全にブラック企業と言われるけど普通でした。でも、時代に合わせて社会も変えていかなくてはいけませんね。

石破 はい。そう思います。私たちも変わっていかなければなりません。そして、国が地方を変えるのではなく、**地方の真摯な取り組みこそが国を変える、そしてそのような考え方を共有すべきである**——これが初代の地方創生担当大臣を務めた私の結論です。これは「少子化・〝超〟高齢化問題」解決のひとつのキーだと思います。今日は本当にありがとうございました。

弘兼 こちらこそありがとうございました。とても有意義な時間でした。「少子〝超〟高齢化時代」の解決、期待しています！

石破 先生の作品も楽しみにしています。

漫画やアニメが持つ訴求力はどんどん増しています
これからも先生の作品を楽しみにしています

地方の力が時代を変えてきたのは事実です
現実世界で社会を変えてください

おわりに

石破茂

「いまは有事である」

　この4月に上梓した新著『日本列島創生論――地方は国家の希望なり』（新潮新書）の冒頭でこのように書き、多くの方から反響をいただきました。

「何？　北朝鮮がミサイルで攻撃するのか？」

「中国軍が尖閣諸島に上陸するという情報でもつかんだのか？」

「ロシアに怪しい動きでもあったのか？」

「有事」というと、「国防」と直結する話であるかのように思われるのは当然です。

　しかし、私が著書で訴えたのは、出生率の低下と、それに伴う人口減少が国家に与える危機です。急激に少子化、高齢化が進んでいる今の日本は、国家存亡の危機に瀕している、まさに有事といってもいい事態なのです。

　敵国が攻めてくる、あるいは他国に領土を奪われるという事態は、現段階では「起こりうるリスク」です。まだ起こってはいないそれらのリスクを極力低減するために、外交的努力を重ね、国内でさまざまな法律を整備し、適切な抑止力と防衛力を整えようとしています。

しかし、超高齢化、出生率の低下、そして人口減少問題は、すでに現実に現在進行形で「起こっているリスク」なのです。

「エネルギー問題も食糧問題も解決するじゃないか」「東京の土地不足も緩和されるからいいではないか」と、人口が減少することは悪いことではないと言う人たちもいます。この狭い国土には明治時代の４０００万人くらいの人口でちょうどいいじゃないかと主張する方もおられます。

しかし、今回の弘兼先生との対談の中でも触れたように、明治時代と現在では人口構成があまりに違います。

明治時代半ばの人口４０００万人のうち、高齢者の占める割合はごくわずかでした。だからこそ明治以降、日本の人口は爆発的に増え、明治維新からわずか１００年間で約３倍にもなったのです。

ちなみに、第二次世界大戦終結直後１９５０年においてすら、日本の人口のうち65歳以上の占める割合……すなわち高齢化率はわずか4・9パーセントでした。それが今はもう、25パーセントを超えているのです。

今のシニア世代が元気で若々しく、まさに『黄昏流星群』を地で行くように、お元気で恋愛に対しても積極的なのは実に良いことです。であったとしても、残念ながら、若者のように子どもを作ることはできません。消費にせよ生産にせよ、当然、限度があり、活力ある国家を維持することは相当に困難になります。

「我々が死んだその先の話をされても」

「100年後のことなんて関係ないよ」

静かに、そして確実に進行している危機に対して、私たちはまだどこか他人事のようなところがあります。たしかにこうした大きなテーマに対して、個人ではどうしようもない部分はあることでしょう。

しかし、それでいいはずがありません。だからこそ私は「有事である」と声を大にして訴えているのです。もはや、「中央政府に任せておけばいいや」と済ませられる問題ではありません。

むしろ**中央政府ではなく、地方の真摯な取り組みこそが国を変える**――これが、初代の地方創生担当大臣を務めた私の結論です。

人口減少という有事に立ち向かうための解決策のひとつとして、私なりに導いた答えのひとつが**「地方創生」を着実に進めること**でした。別の言い方をすれば、**「地方創生」の集積によって、「日本創生」につなげようという試み**です。

今回、私の敬愛する弘兼先生と対談できたのは、非常に楽しい時間でしたし、人生の先輩である弘兼先生からは、いつもながら多くの学びを得ることができます。

弘兼先生は、私が心配するまでもなく創作意欲にあふれておられ、一ファンとして個人的に加治隆介の息子・一明氏の活躍、島耕作の老後などをぜひ読んでみたいと皆様に代わってお願いしておきました。

この本が皆様にとって、少子化、超高齢化、地方創生などについて考えるひとつのきっかけとなれば、これに勝る喜びはありません。

石破 茂
いしば・しげる

1957年2月4日、鳥取県八頭郡八頭町(旧郡家町)生まれ。慶應義塾大学法学部卒業後、三井銀行に入行。退行後の1986年7月、旧鳥取県全県区より全国最年少議員として衆議院議員初当選。以後、10期連続当選を果たす。その間、防衛庁長官、防衛大臣、農林水産大臣、自由民主党政務調査会長、自由民主党幹事長など要職を歴任し、2014年に初代地方創生・国家戦略特別区域担当大臣に就任。政治家として信念を貫く姿勢から、現在は次期総理大臣候補として期待を集めている。著書に『国防』『国難〜政治に幻想はいらない』『日本人のための「集団的自衛権」入門』『日本列島創生論〜地方は国家の希望なり』(いずれも新潮社刊)、『真・政治力』(小社刊)などがある。

弘兼憲史
ひろかね・けんし

1947年9月9日、山口県岩国市生まれ。早稲田大学第一法学部卒業後、松下電器産業(現・パナソニック)に入社。1973年に退職すると、翌年に『風薫る』を発表して漫画家としてデビュー。『人間交差点』(小学館)、『ハロー張りネズミ』で高い評価を得たのち、1983年に『課長 島耕作』の連載を開始。同シリーズは現在、『会長 島耕作』『学生 島耕作〜就活編〜』として続いており、代表作のひとつとなっている。1991年には『加治隆介の議』(いずれも講談社)、1995年には現在も続く『黄昏流星群』(小学館)の連載を開始。また、『50歳からの「死に方」〜残り30年の生き方』(廣済堂新書)、15万部を突破した『弘兼流 60歳からの手ぶら人生』(海竜社)など漫画以外の著作物も数多くある。

どうする？ どうなる？

ニッポンの大問題

～少子〝超〟高齢化編

著者　石破茂（いしば しげる）／弘兼憲史（ひろかね けんし）

2017年　9月15日　初版発行

装丁　森田直／積田野麦（FROG KING STUDIO）
撮影　橋本勝美
校正　玄冬書林／オールアロング
構成　中野克哉
協力　翼咲美佳
編集　岩尾雅彦（ワニブックス）

発行者　横内正昭
編集人　青柳有紀
発行所　株式会社ワニブックス
〒150-8482
東京都渋谷区恵比寿4-4-9えびす大黒ビル
電話　03-5449-2711（代表）
03-5449-2716（編集部）
ワニブックスHP　http://www.wani.co.jp/
WANI BOOKOUT　http://www.wanibookout.com/

印刷所　凸版印刷株式会社
DTP　株式会社 三協美術
製本所　ナショナル製本

ISBN 978-4-8470-9580-1